Heidenheim, den 8.12.2009

D1668503

„Die Schweden auf dem Brenzweg"
ein Stück Heimatgeschichte

für

Frau Brigitte Leiser

freundlichst
überreicht
durch

Axel Sterbak

Axel Stolch und Jörg Wöllper

Die Schweden auf dem Breitwang

© 2009

ISBN 978-3-936363-47-0

Herausgeber:
Heimat- und Fachverlag F. Steinmeier, Nördlingen

Herstellung:
Druckerei & Verlag Steinmeier GmbH & Co.KG, Deiningen

Axel Stolch und Jörg Wöllper

Die Schweden auf dem Breitwang

Ein Beitrag zur Geschichte der Stadt Bopfingen
und der
Schlacht bei Nördlingen im Jahre 1634

Nach einer Idee von
Jo Enßlin

Heimat- und Fachverlag F. Steinmeier, Nördlingen

„Günstiger lieber Leser. Was für eine mühe und fleiss bey Druckerey
erfordert werde, ist denen bewußt, welche damit umbgeben oder es sons-
ten practicando erfahren. Dann man dabey fast nicht gnug Augen ha-
ben kann uns seye einer fleissig als er immer wolle, so scheinet es doch
beynahe unmüglich, dass uber allen angewendten eusseresten Fleiss
nicht etwa Errata und Fähler mit einschleichen."

Aus Johann Siebmachers Wappenbuch, 1605

Unser besonderer Dank gilt Herrn Jo Enßlin, ohne dessen Ideen und Histo-
rienbilder das vorliegende Werk nicht entstanden wäre. Wir bedanken uns
für die freundliche Unterstützung durch die Stadt Bopfingen, besonders
bei Herrn Bürgermeister Dr. Bühler und Herrn Sutschek.
Außerdem gilt unser Dank den nachfolgenden Personen und Institutionen:
Frau Katharina Urch, Universitätsbibliothek Augsburg, Herr Dr. Sponsel,
Stadtarchiv Nördlingen, den Staatsarchiven Stuttgart und Ludwigsburg,
sowie allen, die an diesem Buch mitgearbeitet haben.

Autoren:

Axel Stolch

Jörg Wöllper

Heidenheim und Berglen – Öschelbronn
im
Juni 2009

Inhalt:

Vorbemerkungen

Am 5. / 6. September 1634, also vor 375 Jahren, fand die denkwürdige Schlacht bei Nördlingen statt. Damals wurde eine „schwedische" Armee unter Feldmarschall Gustaf Graf Horn und Herzog Bernhard von Sachsen-Weimar, von einem kaiserlichen Heer vernichtend geschlagen.

Im Jahr 2009 gedenken die Städte Nördlingen und Bopfingen diesem folgenreichen Ereignis. In der zur Schlacht bei Nördlingen vorhandenen Literatur stehen hauptsächlich die Begebenheiten, die sich in und bei Nördlingen zugetragen haben, im Vordergrund. Der Umstand, dass Bopfingen vor der Schlacht „Aufmarschgebiet" und somit „Zentrum" der protestantischen Truppen war, wird hierbei oftmals wenig beachtet. Von Mitte August bis zur Schlacht am 5. / 6. September lagerte deren Armee auf dem südwestlich von Bopfingen liegenden Breitwang.

Die „Schweden auf dem Breitwang" sind seit den 1980er Jahren immer wieder Thema des Historienmalers, Hans-Joachim Enßlin. Im Jahr 2007 entstand nach einer Idee Enßlins die Internetpräsenz „www.schwedenlager-1634.de". Basierend darauf wurde nun dieses vorliegende, inhaltlich mehrteilige Werk erstellt. Es sieht sich als Beitrag zur Geschichte der Stadt Bopfingen und soll dem geschichtsinteressierten Leser die Ereignisse des August und September 1634, in und um Bopfingen, näher bringen.

Den „Weg" ins „schwedische" Feldlager findet der Leser durch einen allgemeinen historischen und chronologisch geordneten Überblick.

Darauf folgen die Ereignisse rund um die Stadt und im Feldlager auf dem Breitwang. Im zweiten Abschnitt des Buches werden mehrere Personen, die auf schwedischer Seite standen, in Kurzbiografien vorgestellt. Ergänzend hierzu erfolgt die Vorstellung der Söldner und Truppengattungen der Zeit des Dreißigjährigen Krieges. Hierbei liegt ein Schwerpunkt in der Beschreibung eines Feldlagers. Wie ein solches aufgebaut und organisiert war soll in diesem Abschnitt geklärt werden. Abschließend werden in einer von Jörg Wöllper erstellten Studie die einzelnen Anmarschwege der „schwedischen" Truppenteile genauer vorgestellt.

Axel Stolch und Jörg Wöllper
Juni 2009

Allgemeiner historischer Überblick

Vorgeschichte und Kriegsphasen

Seit der Reformation hatte es im Deutschen Reich immer wieder Konflikte zwischen Protestanten und Katholiken gegeben. Der Augsburger Religionsfrieden aus dem Jahre 1555 sollte die religiös – politischen Verhältnisse im Reich regeln. Es erfolgte die Gleichstellung der lutherischen Protestanten und der Katholiken. Die Bestimmung der Religion wurde dem Landesherren zugesprochen. In den Reichsstädten galt für deren Bürger die freie Ausübung ihrer Religion. So auch beispielsweise in Donauwörth. Im Jahre 1606 kam es dort zur massiven Störung einer katholischen Prozession durch evangelische Einwohner beim *„Kreuz- und Fahnengefecht"*. Daraus folgend erklärte Kaiser Rudolf II[1] die Reichsacht über Donauwörth und beauftragte den bayerischen Herzog Maximilian[2] mit der Exekution. Dieser ließ die Stadt am 17. Dezember 1607 mit Truppen besetzen und seinem Herzogtum als Pfand für entstandene Kriegskosten einverleiben. Dies, obwohl Donauwörth dem Schwäbischen Reichskreis angehörte, dessen Oberhaupt der Herzog von Württemberg[3] war. Nach weiteren Auseinandersetzungen zwischen evangelischen und katholischen Ständen auf dem Regensburger Reichstag, erfolgte die Gründung der protestantischen Union am 14. Mai 1608 als Defensivbündnis gegen die katholischen Stände, deren Antwort die Gründung der katholischen Liga als Gegengewicht war. In Böhmen ließen sich die dortigen Stände am 9. Juli 1609 mit der Unterzeichnung des sogenannten *„Majestätsbriefes"*[4] ihr Recht auf freie Religionsausübung bestätigen. 1612 starb Kaiser Rudolf II. und ihm folgte dessen Bruder Matthias[5] auf den Kaiserthron. Im Juni 1617 erfolgte die Wahl Ferdinands[6] von Steiermark zum König von Böhmen und Ungarn, der ein entschiedener Vertreter der Reka-

---

[1]Kaiser Rudolf II (1552-1612), regierte als Kaiser ab 1576, verlegte seine Residenz im Jahre 1583 nach Prag.

[2]Maximilian von Bayern (1573-1651), zunächst Herzog und ab 1623 Kurfürst. Er galt als streng katholisch.

[3]Johann Friedrich (1582-1628), Mitbegründer der protestantischen Union.

[4]Majestätsbrief. 1609 durch Kaiser Rudolf II ausgefertigte Urkunde, die den Böhmen Religionsfreiheit zusichern sollte.

[5]Kaiser Matthias (1557-1618), regierte als Kaiser ab 1612, seit 1608 König von Ungarn und 1611 König von Böhmen.

[6]Ferdinand von Steiermark (1578-1637) von 1617 bis 1619 und wieder ab 1620 König von Böhmen, seit 1618 König von Ungarn und ab 1619 Kaiser im Deutschen Reich als Ferdinand II.

tholisierung in seinen Ländern, so auch in Böhmen war. Ferdinand bestätigte zwar den Majestätsbrief, betrieb jedoch die Rekatholisierung Böhmens, unter anderem mit dem Verbot des evangelischen Gottesdienstes, in mehreren Städten weiter. Es folgte ein offener Aufstand gegen ihren gewählten König Ferdinand und der damit verbundenen Rekatholisierung. Am 23. Mai 1618 drangen Angehörige der böhmischen Ständeversammlung, unter Führung von Heinrich Matthias Graf von Thurn[7], in die Prager Burg ein und warfen die dort anwesenden kaiserlichen Statthalter[8] Slawata, Martiniz und deren Sekretär Fabricius aus dem Fenster. Die *„Defenestrierten"* Statthalter überlebten den Sturz. Die Tat sollte aber weitreichende Folgen, zunächst für Böhmen und dann für das ganze Reich haben. König Ferdinand wurde abgesetzt, und dagegen wählten die Böhmen Kurfürst Friedrich V[9] von der Pfalz zu ihrem neuen König. Allgemein markiert der Prager Fenstersturz den Beginn des Dreißigjährigen Krieges.

Abbildung 1: Merian, Matthaeus d. Ä.: Der Prager Fenstersturz aus: Theatrum Europaeum, Band I, 3. Aufl., Frankfurt am Main: M. Merian, 1662. Exemplar der Universitätsbibliothek Augsburg, Sign. 02/IV.13.2.26-1

---

[7]Heinrich Matthias von Thurn (1567-1640), Böhmischer Freiherr, Anführer der böhmischen Aufständischen.
[8]Die Statthalter waren Wilhelm Slawata (1572-1652), Jaroslav von Martiniz (1582-1649)
[9]Friedrich V von der Pfalz (1596-1632), Sohn des Mitbegründers der protestantischen Union, Friedrich IV. Friedrich V wird aufgrund der kurzen Regierungszeit als König der Böhmen, *„Winterkönig"* genannt.

Im Krieg standen sich die evangelischen Reichsstände und das kaiserliche – katholische Lager, mit dem Kaiserhaus Habsburg an der Spitze, gegenüber. Beide Lager kämpften vordergründig um die Vormachtstellung ihrer Religionen, aber im eigentlichen Sinne waren europäische, machtpolitische Interessen der wahre Kriegsgrund.

Die Gesamtdauer dieses Konfliktes wird in einzelne Phasen unterteilt, in denen sich immer wieder unterschiedliche Parteien aus dem evangelischen und katholischen Lager gegenüberstanden. Die einzelnen Phasen werden nach dem Gegner des katholisch – kaiserlichen Hauses benannt.

Böhmisch – Pfälzischer Krieg von 1618 bis 1623

Kriegsführende Parteien in dieser Phase waren, resultierend aus dem Böhmischen Aufstand, die Stände Böhmens, Mährens, Schlesiens, der Lausitz und Teilen Österreichs, sowie Fürst von Siebenbürgen Bethlen Gabor von Iktar[10], die der Rekatholisierung und Machterlangung der Habsburger entgegentraten. Oberhaupt des Böhmisch – Pfälzischen Lagers war Friedrich V von der Pfalz, König von Böhmen, der gleichzeitig auch Oberhaupt der evangelischen Union war. Ein Bündnis zwischen dem inzwischen zum Kaiser gewählten Ferdinand II, dem Papst[11] und Spanien[12] bildete das katholische Lager. Dieses wurde militärisch durch Herzog Maximilian von Bayern unterstützt.

Der Sieg, der kaiserlich – katholischen Seite, in der Schlacht am weißen Berg bei Prag, beendete den Böhmischen Aufstand. Die Anführer des Böhmischen Aufstands wurden im Juni 1621 in Prag hingerichtet. Ein Heer aus den spanischen Niederlanden marschierte in die untere Pfalz ein und besetzte weite Teile des Landes. Die Kriegsphase währte noch weitere vier Jahre, da Kaiser Ferdinand II dazu entschlossen war, die Rekatholisierung voranzutreiben und die Pfälzische Kurwürde an Herzog Maximilian von Bayern übertragen hatte, was zu weiteren Konflikten, und zu einer Ausweitung der Kämpfe bis nach Nordwestdeutschland führte.

---

[10]Bethlen Gabor von Iktar (1580-1629), Fürst von Siebenbürgen und Anführer eines Aufstands gegen die regierenden Habsburger in Ungarn und dem heutigen Gebiet der Slowakei.
[11]Urban VIII, Maffeo Barberini (1568-1644), war Papst von 1623 bis 1644
[12]Philipp IV von Spanien (1605-1665) aus dem Hause Habsburg, regierte ab 1621 über Spanien

Dänisch - Niedersächsischer Krieg von 1625 bis 1629

Die im Verlauf der ersten Phase nach Nordwestdeutschland vorgerückten Kämpfe bedrohten nun den protestantischen – niedersächsischen Reichskreis. König Christian IV von Dänemark[13], der Herzog von Holstein und Oberster dieses Reichskreises war, rückte mit einer Armee in südliche Richtung vor. Unterstützung fand Christian IV in England, Frankreich und den Vereinigten Niederlanden.

Von kaiserlicher Seite wurde ein Heer unter Albrecht von Wallenstein[14] aufgestellt, welches den Dänen entgegentrat. Im Jahr 1626 besiegte Tilly[15] den Dänenkönig bei Lutter am Barenberge. Wallenstein schlug Mansfeld[16] an der Dessauer Brücke. Der Fürst von Siebenbürgen, Bethlen Gabor, schloss 1627 mit dem Kaiser Frieden. Die Kaiserlichen besetzten Jütland und Mecklenburg. In der Folge strebten die Kaiserlichen danach, sich an der Ostseeküste festzusetzen. Dies gelang ihnen jedoch nicht. Mit dem Frieden von Lübeck schied Dänemark aus dem Krieg aus.

Am 6. März 1629 erließ Kaiser Ferdinand II, der in diesen Jahren die größte Machtentfaltung besaß, das Restitutionsedikt. Es besagte unter anderem, dass Besitztümer, die nach 1552 protestantisch wurden, wieder zum katholischen Glauben zurückzuführen seien, was für weiteres Konfliktpotential sorgte. In dieser Kriegsphase kämpften abermals Ernst von Mansfeld und Christian von Braunschweig[17] gegen Tilly und den an Macht gewinnenden Albrecht von Wallenstein, der, obwohl er sich an der Ostseeküste nicht festsetzten konnte, im Jahr 1628 zum *„General des Ozeanischen und Baltischen Meeres"* ernannt wurde.

---

[13]Christian IV (1577-1648) seit 1588 König von Dänemark und Norwegen.
[14]Wallenstein, eigentlich Albrecht Wenzel Eusebius von Waldstein (1583-1634). Er stieg vom einfachen Landedelmann zum Herzog von Friedland und Mecklenburg auf. Konvertierte vom evangelischen zum katholischen Glauben. Durchlief eine steile militärische Karriere und war wohl die *„schillernste"* Figur der Zeit.
[15]Johann t'Serclaes Graf von Tilly (1559-1632), Heerführer der katholischen Liga, einer der bedeutendsten Feldherren der Zeit.
[16]Peter Ernst II von Mansfeld (1580-1626), Söldner- und Heerführer der protestantischen Union.
[17]Christian von Braunschweig-Wolfenbüttel (1599-1626), *„der tolle Christian oder tolle Halberstätter"*

Schwedischer Krieg von 1630 bis 1635

Die Rekatholisierung und Machtentfaltung der Kaiserlichen im norddeutschen Raum bedrohte das Königreich Schweden zusehends. Dies führte zum Eintritt Schwedens in den Krieg. Unter der Führung ihres Königs Gustav Adolf, landeten im Juli 1630 schwedische Truppen auf der Insel Usedom. Im Januar 1631 schlossen Schweden und das katholische Frankreich den Vertrag von Bärwalde. In diesem sicherte Frankreich den Schweden seine finanzielle Unterstützung zu. Mit diesem Vertragsabschluss wird die Entfernung vom Glaubenskonflikt zum machtpolitischen Konflikt erneut deutlich. Im Mai des Jahres 1631 kam es zur Katastrophe von Magdeburg. Die Erstürmung der Stadt durch Truppen unter Tilly und Gottfried Heinrich Graf von Pappenheim[18] forderte 15000 Todesopfern unter der Bevölkerung. Dies sollte dem Vordringen der Schweden Vorschub leisten, da sich nun auch die Kurfürsten[19] von Brandenburg und Sachsen den Schweden anschlossen. Am 17. September kam es zur Schlacht bei Breitenfeld, nördlich von Leipzig, welche mit einer totalen Niederlage der Kaiserlichen unter Tilly und Pappenheim endete.

Die zusehende Machtausbreitung Albrecht von Wallensteins führte dazu, dass er auf Drängen der Kurfürsten im August 1630 seines Kommandos enthoben wurde. Aufgrund des weiteren Vormarsches der Schweden in den süddeutschen Raum wurde er im April 1632 durch Kaiser Ferdinand II wieder in seine Ämter eingesetzt. Am 15. April 1632 schlugen die Schweden General Tilly bei Rain am Lech. Tilly wurde hierbei schwer verletzt und starb darauf folgend in Ingolstadt. Der Sieg bei Rain am Lech ermöglichte einen weiteren Vormarsch bis in die Residenzstadt München.

Durch geschickte Manöver seiner Armee gelang es Albrecht von Wallenstein, die Schweden aus Bayern zu verdrängen. Im Sommer 1632 lagen sich die Truppen unter Gustav Adolf und Wallenstein in verschanzten Feldlagern bei Nürnberg gegenüber. Die gegenseitige Belagerung endete mit der Schlacht an der Alten Veste. Nach dieser zogen die Schweden nach Sachsen ab, und die Armee unter Wallenstein folgte ihnen. Am 16. November 1632 kam es zur Schlacht bei Lützen, in der Gustav Adolf den Tod fand. Die Kaiserlichen erlitten in der Schlacht herbe Verluste. Pappenheim wurde schwer verwundet und starb.

---

[18]Gottfried Heinrich Graf zu Pappenheim (1594-1632), Heerführer der katholischen Liga, Befehlshaber der nach ihm benannten Kürassiere.
[19]Georg Wilhelm von Brandenburg (1595-1640) und Johann Georg I von Sachsen (1585-1656)

Wallensteins Armee war aufs Äußerste geschwächt und musste sich zurückziehen. Nach Gustav Adolfs Tod, noch während der Schlacht, übernahm der junge Herzog Bernhard von Sachsen – Weimar[20] das Kommando
über die schwedischen Truppen. Die Regierungsgeschäfte der Schweden
übernahm Axel Oxenstierna[21]. Ihm gelang es den Heilbronner Bund[22] zu
bilden, ein Zusammenschluss Schwedens mit den evangelischen Ständen
der fränkischen, schwäbischen und rheinischen Reichskreise. Zum Befehlshaber der schwedischen Armee bestellte man Gustaf Graf Horn[23] und
Herzog Bernhard von Sachsen – Weimar. Im Februar des Jahres 1634
wurde der kaiserliche Feldherr Albrecht von Wallenstein mitsamt seinen
Getreuen[24] in Eger ermordet. Begründet wurde diese Tat damit, dass Wallenstein mit der schwedisch – protestantischen Partei verhandelte, was ihm
als Verrat ausgelegt wurde. Den Befehl über die kaiserliche Armee übernahm nun der Sohn des Kaisers, Ferdinand[25] König von Böhmen und Ungarn. Im folgenden Sommer rückte die kaiserliche Armee weiter in Süddeutschland vor. Währenddessen war die schwedische Armee gespalten
und *„operierte"* an verschiedenen Schauplätzen in Süddeutschland. Im
Juli und August wurde die Stadt Regensburg sowie Donauwörth von den
Kaiserlichen eingenommen. Nun rückte die freie Reichsstadt Nördlingen
immer mehr in den Mittelpunkt des Geschehens. Als *„Bollwerk"* des Pro-
testantismus, und von einer schwedischen Garnison belegt, liegt die Stadt
am Eingang des Herzogtums Württemberg. Eine weitere Gefahr für die
protestantisch-schwedische Seite näherte sich von Süden.

Das in Italien geworbene, unter spanischem Kommando stehende Heer,
mit dem Kardinalinfanten Fernando de Austria[26] an seiner Spitze, war auf
dem Weg in die spanischen Niederlande.

---

[20]Siehe auch Kapitel *„Herzog Bernhard von Sachsen-Weimar"*

[21]Axel Oxenstierna (1583-1656) seit 1612 schwedischer Reichskanzler und Schwiegervater von Gustaf Graf Horn.

[22]Heilbronner Bund. Nach dem Gründungsort Heilbronn benanntes Bündnis dessen Ziele die Stabilisierung der deutschen Libertät, Frieden in religiöser und weltlicher Hinsicht und danach eine entsprechende Entschädigung Schwedens waren.

[23]Siehe auch Kapitel *„Gustaf Graf Horn"*

[24]Walleinsteins Getreue waren Adam Erdmann Trcka, Christian von Ilow, Wilhelm Graf Kinsky und Rittmeister Neumann

[25]Ferdinand Ernst, Erzherzog von Österreich (1608-1657), seit 1626/27 König von Ungarn, Kroatien und Böhmen. Nach dem Tod seines Vaters, Ferdinand II, war er von 1637 bis zu seinem Tod deutscher Kaiser unter dem Namen Ferdinand III.

[26]Ferdinand von Spanien und Portugal / Fernando de Austria (1609-1641), Bruder des amtierenden spanischen Königs Philipp IV. Aufgrund seiner Berufung zum Kardinal – Erzbischof von Toledo wird er auch Kardinalinfant Ferdinand genannt. Seine Truppe wird auch als *„Italienisches Volk"* bezeichnet.

Dort sollte Kardinalinfant Fernando (ein Vetter König Ferdinands´), die Nachfolge der Erzherzogin Isabella[27] antreten.

Im weiteren Verlauf dieser Kriegsphase kam es zu den Ereignissen rund um Bopfingen und der Schlacht bei Nördlingen.

---

[27]Isabella Clara Eugenia von Spanien und Portugal (1566-1633), seit 1621 Statthalterin der spanischen Niederlande.

Die „Schweden" auf dem Breitwang

Bopfingen, kleine freie Reichsstadt am Rande des Ries

„Eine kleine Reichs Statt 1 Meile von Nördlingen, nächst an den Hartfeld und rings umher mit lauter Bergen umgeben; unter welchem einer der Sandberg und Breitwang genennet wird, auf welchem Ao 1634 Herzog Bernhard von Sachsen Weinmar, wie auch der Schwedische GeneralFeld-Marschall Horn, ihr Lager gehabt haben. Der andere Berg aber wird der Ypff geheissen. Der wegen seiner Höhe, Fruchtbarkeit und artigen Situation berühmt. Die ist der Evangelischen Religion zugethan, allda die Kirche S. Blasii, so Ao. 1658 renoviert worden, wohl zu sehen ist Die Gegend um diese Stadt aber, so fruchtbar wird im Ries genennet." (Umschrift, Kupferstich[28] Bopfingen, Christian Leopold, Augsburg)

Die Stadt Bopfingen liegt im Egertal[29] am westlichen Rand des Ries, ungefähr 12 km von Nördlingen entfernt. Im Süden der Stadt erhebt sich das Härtsfeld, ein Ausläufer der Schwäbischen Alb. Die Hochfläche südwestlich der Stadt, auf dem Härtsfeld gelegen, wird als Breitwang[30] bezeichnet. Dieser wird im Norden durch den Sandberg und Galgenberg begrenzt. In Richtung Osten erhält der Beobachter einen freien Blick auf die Stadt Nördlingen und auf die südlich verlaufenden Höhen. Nördlich der Stadt befindet sich der markante Zeugenberg Ipf. Nach Nordosten zieht sich ein Anstieg mit dem darauf liegenden Wald Osterholz. Diesem nach Osten vorlagernd erstreckt sich ein Höhenzug von Kirchheim / Ries in südlicher Richtung bis fast vor Utzmemmingen. Im Südosten der Stadt erhebt sich ein imposanter Bergkegel, der durch die Burg Flochberg, einer ehemaligen Stauferburg, gekrönt wird. Diese befand sich im 17. Jahrhundert im Besitz der Grafen von Oettingen[31].

---

[28]Kupferstich der Stadt Bopfingen nach Christian Leopold, Augsburg. Quelle: Stadtarchiv Bopfingen

[29]Die Eger entspringt ca.3km westlich von Bopfingen bei Aufhausen. Südlich von Bopfingen vereint sie sich mit der aus Norden heran fließenden Sechta. Nicht weit von diesem Zusammenfluss befand und befindet sich heute noch ein Übergang, der in Richtung Kirchheim / Ries führt.

[30]Eine im Hauptstaatsarchiv Stuttgart gefundene Landkartenskizze (Entstehungszeitraum um 1700) weist die genannte Örtlichkeit mit dem Namen Breitwang an der genannten Position, nördlich von Hohenberg und südwestlich von Bopfingen, aus. Nachlass: Johann Majer, Pfarrer und Kartograph (1680-1711); Sign. N7 Nr.9

[31]Grafschaft Oettingen: Das Umland der Reichsstädte Bopfingen und Nördlingen war in Besitz der damaligen Grafen von Oettingen. Im Laufe des 16. Jahrhunderts teilte sich die Familie in unterschiedliche Linien. Oettingen – Oettingen wandte sich dem evangelischen Glauben zu und Oettingen – Wallerstein dem katholischen Glauben. Anfang des 17. Jahrhunderts entsprangen aus der Linie Oettingen – Wallerstein die Linien Oettingen – Baldern und Oettingen - Spielberg.

BOPFINGA

1. Ver-Bad Thurn
2. Ob: Bad Thurn
3. S: Blasi Kirch
4. Der Pfarr-Thor
5. Das Rathaus
6. Vor-dinger Thor
7. Zum Heij: Geist
8. Born Thor
9. S: Iohannes
10. Hohern Thurn
11. Der: Spital

Exigua libera imperij Civitas, milliari uno Nörlinga distans, sic dicto tractui Hartfeldensi confinis, montibus circumcincta, inter quos unus ab arcis, Der Sandberg, alter à latitudi ne, Breitwang, nomen gerit, in quibus Anno 1645. Dux Bernhardus et Hornius castra locaverant. Alius mons Ipf vocatur, ob altitudinem, fertilitatem et amœnum situm maxime celebris. Cives Religionem profitentur Evangelicam, et templum Blasij quod A. 1655. re novatum est, spectari meretur. Regio vero circa urbem, ubertate sola maxime commendanda, Ries appellatur.

Com.
Pal.
Sueu.
Conser.
Hosph.

BOPFINGEN

Eine kleine Reichs-Statt 1. Meile von Nördlingen, nechst an den Hartfeld, und, rings herum mit lauter Bergen umgeben: unter welchen einer der Sandberg, und Brotberg genennet wird, auf welchem A. 1645. Hertzog Bernhard, und General Horn, ihr Lager gehabt. Der andere Berg aber, wird der Ulp geheissen, der wegen seiner Höhe, Fruchtbarkeit, und darvon Situation berühmt. Die Statt ist der Evangelischen Religion zugethan, und läst sich die Kirche aus Burg, so A. 1631. renoviert worden, wohl sehen. Die fruchtbare Gegend um diese Statt, wird der Riess genennet.

Johann Christoph Leopold excudit Aug. Vind.

Die katholische Linie Oettingen – Wallerstein hatte ihren Besitz an den in schwedischen Diensten stehenden Feldherren Lorenz von Hoffkirchen[32] „verloren", der seit 1633 mit Agathe von Oettingen – Oettingen (evangelische Linie) verheiratet war.

Ab dem Jahr 1153 galt Bopfingen als Stadt, was 1188 durch eine Urkunde bestätigt wurde. Seit 1241 wurde Bopfingen in den Reichssteuerlisten geführt und galt somit als Reichsstadt. Nachdem 1489 die Reichsstandschaft erworben wurde, galt die Stadt als vollwertige freie Reichsstadt. 1521 zog die Reformation in Bopfingen ein. Ein Wanderprediger namens Wolfang Vogel hielt die erste evangelische Predigt im Ort.

In den folgenden Jahren wurde auch Bopfingen von den Unruhen des Bauernkriegs erfasst, dem in der Mitte des 16. Jahrhunderts der Schmalkaldische Krieg[33] folgte. Bopfingen hatte sich der kriegsführenden Partei, dem „Schmalkaldischen Bund"[34] angeschlossen, was ihr zum Verhängnis werden sollte. Als Kaiser Karl V mit seinen Truppen nach Württemberg zog, nahm er die Stadt ein und lies diese drei Tage von seinen Landsknechten plündern. Nach diesen Ereignissen kehrte langsam Frieden ein. 1555 schloss sich Bopfingen dem Augsburger Religionsfrieden an.

Zum Ende des 16. Jahrhunderts erlebte Bopfingen eine Blütezeit, in der beispielsweise das „alte" Bopfinger Rathaus erbaut wurde. Die schulischen Einrichtungen wurden erweitert. Vor den Toren der Stadt wurde die Katharinenkirche errichtet und im Jahr 1615 feierten die Bopfinger das erste Rutenfest[35].

Der Beginn des Dreißigjährigen Krieges und der „Böhmische Aufstand" hatten noch wenige Auswirkungen auf die Stadt. Erstmals wurde die Bürgerschaft im Jahr 1622 betroffen, als vor dem Rat der Stadt der Mansfeldische Leutnant, Joerg Jäger, der in Bopfingen Soldaten anwerben wollte, berichtete, dass „...des Herrn Caspar Schnellen Sohn, Matthaeus Schnell in dem Treffen bei Langenlois[36] neben anderen Reitersleuten tot verblieben und auf der Walstatt gefunden wurde..." (Ratsprotokoll der Stadt Bopfingen)

---

[32]Lorenz von Hoffkirchen stand während seiner militärischen Karriere unter verschiedenen Dienstherren. Um 1635 wechselte zur kaiserlichen Seite und wurde nach seiner eigenen Gefangennahme, 1639, im Jahr 1642 gemeinsam mit anderen Offizieren gegen seinen ehemaligen „Kampfgefährten" Gustaf Horn ausgetauscht.
[33]Schmalkaldischer Krieg: Dieser wurde in den Jahren 1546 / 47 geführt. Die protestantischen Reichsstände (Schmalkaldischer Bund) führten gegen Kaiser Karl V Krieg.
[34]Benannt nach seinem Gründungsort, Schmalkalden
[35]Als „Rutenfest" wird das alljährlich gefeierte Kinderfest bezeichnet.
[36]Das sogenannte „Gefecht bei Langenlois", nahe Krems in Österreich fand am 10. Februar 1620 statt.

Die folgenden Jahre brachten immer wieder Truppendurchmärsche und Kontributionen[37] mit sich. Im September 1630 wurde die Stadt von kaiserlicher Seite aufgefordert den katholischen Glauben wieder einzuführen. Damit sollte in Bopfingen das Restitutionsedikts durchgesetzt werden, was von Seiten der Stadt jedoch abgelehnt wurde. Nach kaiserlichem Befehl sollte der katholische Graf Hans Albrecht von Oettingen im Bereich des Kloster Kirchheims das Restitutionsedikt durchsetzten. Nach Kaisers Willen war hiervon auch die Stadt Bopfingen betroffen, die sich aber weiterhin beharrlich weigerte ihre Kirchen an einen katholischen Prediger zu übergeben. Letztlich wurden die Bopfinger gezwungen den katholischen Glauben in ihrer Stadt wieder einzuführen. In der Folgezeit kam es immer wieder zu Auseinandersetzungen in Glaubensfragen.

Weitere Durchmärsche und Kontributionszahlungen folgten. Nachdem die Schweden auf deutschem Boden gelandet und bis nach Süddeutschland vorgedrungen waren, konnten die Bopfinger zum evangelischen Glauben zurückkehren.

Im Jahr 1633 wurde die Stadt laut Reichsmatrikeln aufgefordert, ein Kontingent von 18 Soldaten dem Schwäbischen Kreis zur Verfügung zu stellen. Neun Mann der Bürgerschaft und neun Mann aus den Untertanen. Jeder 16. Mann der Bürgerschaft sollte zum Militärdienst herangezogen werden *(HE; S.138)*. Dies ergäbe 144 Bürger. Nach einem im Bopfinger Stadtarchiv verwahrten Dokument[38] wurden für einen Bürger fünf Einwohner gezählt. Somit ergibt sich eine Einwohnerzahl von 720 Menschen, die damals in Bopfingen lebten.

Die Stadt selbst verfügte über eine eigene, leicht gerüstete Bürgermiliz. Diese war mit Hellebarden, Musketen und Schwertern bewaffnet. Ihr stand der Stadtamman als oberster Befehlshaber vor. *(OABN; S. 289)*

Bopfingen war von einer mit Ziegeln gedeckten Mauer und einem bis zu 40m breiten, doppelten Wassergraben geschützt. Von den insgesamt acht Türmen, die es in der Stadtmauer gab, waren ursprünglich drei, und in der Zeit um 1634 noch zwei, als Tore in Gebrauch: An der Ostseite das Nördlingertor[39] und an der Westseite das Birntor[40]. *(OABN; S. 214)*

---

[37]Kontributionen waren Kriegssteuern, die von den Reichsständen erhoben wurden. Diese wurden jedoch auch von den jeweilig durchziehenden Truppen, bzw. deren Generalität erhoben.
[38]StABo: *„Zusammenfassende Stadtgeschichte"* nicht signiert.
[39]Standort war im Bereich der Bopfinger Bank an der Hauptstrasse.
[40]Standort war im Bereich Haushaltswarengeschäft Arnold und des ehemaligen Cafe´ Dietz.

Bopfingen wird von den Kaiserlichen eingenommen

Im August rückten die Kaiserlichen von Donauwörth in westliche Richtung vor. Bereits am 14. August[41] erschienen die ersten kaiserlichen Soldaten vor Bopfingen und verlangten Einlass. Vor dem Birntor angekommen, wurde die Stadt durch einen Trompeter angeblasen. Dieser meldete, dass ihn der Herzog von Württemberg schicke, er wolle sich erkundigen, ob Kriegsvolk in der Stadt läge. Sofern Bedarf daran bestehe, könne er eine Garnison in die Stadt legen. Da aber die Tore gesperrt waren, zogen die Kaiserlichen wieder ab, um wenig später mit Verstärkungen wiederzukommen.

Der Nördlinger Stadtpfarrer Johann Daniel Haak[42] schrieb in seiner Collectanea Haakiana über jene Ereignisse: *„...Den 4. August (14. August), Montags ist ein kais. Trompeter vor Bopffing kommen, hat vor dem Birnthor aufgeblasen und der Statt zu geschrihen, es habe ihn der Herzog von Wirtemberg allhero geschickt, zuerkundig ob sie kriegsvolk in Stättlein hätten od. nicht. Wofern sie derselben bedürftig wären, das er etliche einquartieren wollte, ... , dieweil die Statt ist versperrt gewesen u hett keine kundschaft noch nicht gehabt, ob ein Garnison darin od. Nicht, ... , die in d. Statt haben diese hinterlist nicht gewusst, deßweg sich bald verantwortet, es wäre keine Garnison darinnen, darauf der Trompeter und bei der kais. Soldadesca aber balden angezeigt, zu dem End ist er mit etlich kaiserl. Reitern bald wieder erschienen, die Statt angeblasen und ein Trunk begehrt, welchem gantz (nicht) ist geantwortet, vielweniger d. Trunkh gefolget worden, denn die in d. Statt und auf d. Mauern stehende Bürger haben sich nicht öfentlich sehen lassen, sondern sich verborg gehalten und dann still gehalten. Darauf ein vornehmer Cavalier in die Statt geruffen, sie wollten bis morg. Früh stark gnug kommen und d. Trunkh selbsten holen."* (StANö Chro. Nr.007 ff.)

Anderen Tags erschienen die Kaiserlichen wieder vor der Stadt. Diese begannen, ein Stadttor einzubrennen und Sturmleitern anzulegen. Um größeres Unheil zu vermeiden, öffneten die Bopfinger Bürger das Tor, indem sie es von innen aufschlugen, und ließen die Kaiserlichen einrücken.

---

[41] Die Angabe des Datums erfolg nach unserer heutigen Zeitrechnung, dem Gregorianischen Kalender.

[42] Johann Daniel Haak (1651-1705), Stadtpfarrer in Nördlingen, fasste die Ereignisse von 1634 in seiner Collectanea Haakiana rund 50 Jahre später zusammen. Teilweise überliefert er auch eigene Erkundungen über die Geschehnisse von 1634. So zum Lagerplatz der Schweden und dem Anmarschweg in die Schlacht, welche er sich von noch lebenden Personen im Jahr 1685 zeigen lies.

Abbildung 2: Das Nördlinger Tor um 1700
Am 15. August 1634 brannten die Kaiserlichen das Stadttor ein.
Stadtarchiv Bopfingen

Die Bopfinger Bürger versuchten ihr Verhalten zu rechtfertigen, indem sie angaben, dass der Schlüssel zum Tor verlegt gewesen sei und somit eine Öffnung der Tore nicht eher möglich war.

„Aftermontags d. 5. dito (15. August) sein die Kais. In ziemlicher Anzahl für die Statt Bopffingen ganz alsbalden die Stattthor eingebrandt, geschwind angeleitet zu dem Ende die Statt zu besteigen, und mit Gewalt zu erobern, Wie dann dez Gitter (?)thor mit allermacht und in die höhe gebronnen, haben die Bopfinger sich gedemüthigt und gebeten, man soll doch nicht Gewalt anlegen, sie wollten aufmachen und nach dem Schlüssel trachten, welcher verlegt gewesen, diß wandten sie für, leib und leben zu retten, Weilen sie nicht bald haben geantwortet und nicht aufmachen wollen, wie obgemeldet, also haben sie ihren anjetzo leichtlich die Gedanken gemacht, sie müssten leiden, darumb haben sie die Ausreden gebraucht und sind den Fürwand, dass sie die Schlüssel nicht finden konnten aufhauen lassen und dann geholfen. Sobald die Kais. Einkommen, haben sie die Bürger ausgeplündert, übel geschlagen, des Vieh und Getraid hinweggenommen und etlich Bürger mit sich davon geführt und welchen ist Hans Götz Kupferschmied gewesen..." (StANö Chro. Nr.008)

Ein anonymer Schreiber verfasste am 25. August in Bopfingen einen Lagebericht und schickte diesen nach Wertheim, offensichtlich, um die dortigen Grafen von Wertheim über die Vorkommnisse zu unterrichten.

Er beschreibt, was den Einwohnern Bopfingens´ in diesen Tagen widerfuhr und bestätigt somit die Angaben Haaks´: *„...haben die Keysl. gar starck von anzahl, dißes Stättlein bemechtigt, das Nörlinger thor (Abb. 2) eingebrandt, undt also gehaußet mit stechen, schlagen, schießen, reitteln, waßer eingießen, Schändtn undt andern greülichen thaten das es nit wol ärger sein können, alles herein geflehente Landt und Stattvieh allerlei art deren die Statt die meiste nahrung gehabt, ist ??? trieben undt alles zerschlagen..." (StAWt-F Rep. 231 Nr. 3113 ; Abb. 3)*

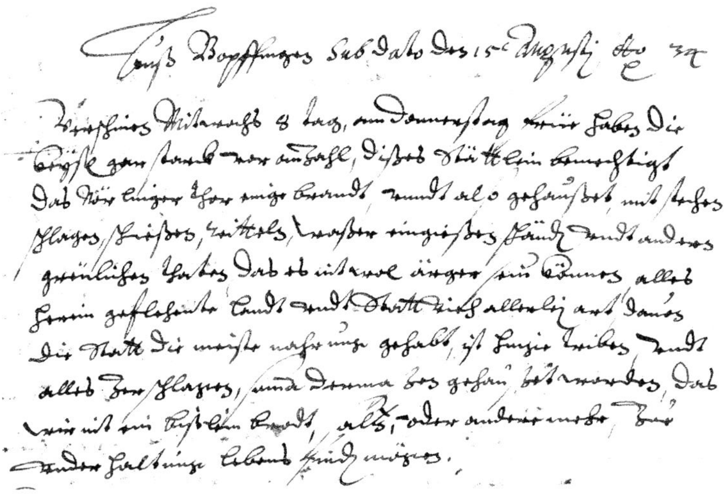

Abbildung 3: Bericht aus Bopfingen nach Wertheim, Ausschnitt 1. Absatz,
Staatsarchiv Wertheim; F Rep. 231 Nr. 3113

Zwei Tage später widerfuhr den Einwohnern Aalens ein ähnliches Schicksal. Die Kaiserlichen drangen in die Stadt ein und verübten auch dort Gräuel. *„...D. 7. August (17. August) haben die Kais. die Statt Aalen eingenommen und mit den Leuthen schröcklich und barbarisch gehauset, biß sie des Geld rausgemartert, den ältsten Bürgermeister haben sie in d. Rathsstuben aufgehenckt und hernach also todten auf d. mist herab zum Fenster geworfen und etliche Bürgersleuth jämmerlich ermordet, kasten und küsten aufgehauen, was gut herausgenommen und sonsten ausgeplündert, die häuser hart verwüstet und unchristlich verfahren..."* (StANö Chro. Nr.096)

Am selben Tag, dem 17. August, traf das Hauptheer der Kaiserlichen vor Nördlingen ein und Generalleutnant Gallas lies die Stadt *"rekognostizieren"* und Tags darauf: *„...vormittags um 9 Uhr, sind die kaiserlichen Constabel auf den Galgenberg geritten, haben den Augenschein eingenommen, wie und wohin am füglichsten die Stücke (Kanonen) zu pflanzen und der Stadt beizukommen sein möchte..."* (HK; S.19)

Die kaiserliche Armee besetzte die Höhen südlich der Stadt. Auf dem Galgenberg und vor den Stadttoren wurden Geschützbatterien errichtet.
Das Lager der Kaiserlichen wurde auf dem Schönefeld, südöstlich von Nördlingen, nahe bei Reimlingen aufgeschlagen. Hier erwarteten die Kaiserlichen den Aufmarsch der Truppen unter Fernando de Austria.
Zu dieser Zeit wurden die Städte der Umgebung von umherstreifenden, kaiserlichen Truppen ausgeplündert. Aufs Grausamste wurde am 21. August die Bevölkerung Höchstädts an der Donau misshandelt. Obwohl die Bürgerschaft die Tore bereitwillig öffnete und sich ergab, konnten die unter dem Befehl Isolanis stehenden Kroaten die Öffnung der Stadttore nicht erwarten.„*...habens doch diese Barbaren nicht erwartet, sondern aus Begierde des Raubs... die Thor mit Gewalt eröffnet... ausgeplündert... Weibs-Persohnen zu Tod geschändet... Beine gerieben... Füsse gequetscht... dermassen zerschlagen und verwundet, das sie ganz kohlenschwarz ausgesehen...*" (GAZ2; S.39)

Die „Schweden" kommen!

Den Schweden war bekannt, dass die Kaiserlichen die Städte Regensburg und Donauwörth eingenommen hatten und nun Nördlingen belagerten. Die in Süddeutschland an unterschiedlichen Orten *„operierenden"* Schweden sollten nun zusammengezogen werden, um den Kaiserlichen den Weg in das vom Krieg bisher größtenteils verschont gebliebene Herzogtum Württemberg zu versperren.
Feldmarschall Horn, der mit seinen Truppen bei Mindelheim lag, zog nach Günzburg, um sich mit Herzog Bernhards heranmarschierenden Truppen zu vereinigen. Bei Leipheim überquerten die vereinigten Truppen die Donau. *(TE Bd. 3; S. 333, AF Bd. 12; S. 1208 und MAT; S.5; Relation oder außführlicher Bericht...)* Inzwischen wurden Rheingraf Otto Ludwig[43] mit seinen Truppen aus dem Elsass zum Häuptheer beordert. Feldmarschall Cratz[44] brach die Belagerung von Forchheim ab, und weitere in Franken stehende Truppen unter Graf Thurn[45] und Generalmajor Kagg sollten ebenfalls zu den Schweden stoßen.

---

[43]Siehe auch Kapitel *„Die Rheingräfliche Armee"*
[44]Siehe auch Kapitel *„Das Belagerungscorps Cratz der Fränkischen Armee"*
[45]Johann Jacob von Thurn, Oberst des schwedischen, schwarzen Regiments

Vom Anmarschweg der „Schweden" nach Bopfingen

Nachdem sich die Truppenteile Horns und Weimars vereinigt hatten, begannen sie ihren Marsch durch das Brenztal nach Giengen, wo sie Mittags angelangten. Dort schlug der schwedische Obrist Bellinghausen[46] eine 600 Mann starke kaiserliche Reiterabteilung, die im Begriff war, die Stadt zu plündern. *„Als wir jungsthin zu Leipheim über die Thonau passiert, und den andern Tag, nämlich den 10./20. Augusti nach Mittag bey Giengen marchirt, haben das Churländische und Ih. Fürstl. Gn. Herzog Bernhards Leib Regiment in der Avantgarde 600. Curassier vom Feind geschlagen, und viel Gefangene eingebracht..."* (MAT; S.23; 55.Extraordinari...)
Von den Gefangenen erfuhren die schwedischen Befehlshaber, dass sich sieben Regimenter unter Johann von Werth[47] nach Franken aufgemacht hatten. Bis zum Abend rückten die Schweden weiter bis Heidenheim und am nächsten Tag bis Aalen vor, wo es zu weiteren Gefechten mit umherstreifenden Kaiserlichen kam. Die Schweden schlugen 1000 *„Ausläufer"* und machten weiter 300 Gefangene. In Aalen stieß der aus Nördlingen ausgeschickte Bote, Adam Jacker von Krauthausen[48] zu den Schweden und überbrachte aus Nördlingen eine Botschaft, in der um *„Entsatz"* gebeten wurde. Unterdessen erging im Herzogtum Württemberg Befehl, dass sich der Landesausschuss zu formieren habe. Es wurden zwei Brigaden aufgestellt, die unter dem Kommando des ehemaligen Vaihinger Obervogtes Philipp von Liebenstein standen. Diese sollten zu den Schweden stoßen und selbige verstärken. Am 22. August marschierten die Schweden nach Bopfingen. An diesem Tag wurde die Avantgarde[49] von Feldmarschall Horn angeführt. *„Am 22. Augusti seynd General-Feldmarschall Horns Trouppen zu und um Bopfingen angelangt..."* (AF Bd. 12; S. 1208).
Nach Enßlin sollen die Schweden auf der *„Alten Strasse"* über *Simmisweiler – Michelfeld – Aufhausen* und von dort nach Bopfingen marschiert sein. *(HE; S.138; 139)* Es bestehen jedoch keine detaillierten Angaben über den genauen Anmarschweg von Aalen nach Bopfingen.

---

[46]Eberhard von Bellinghausen war Oberst des Kurländischen Regiments. Nach anderen Quellen zu Folge auch Mileckhausen genannt.
[47]Johann von Werth (1591-1652) Aus einfachen Verhältnissen stammend, stieg er zum Grafen und General der Kavallerie auf.
[48]Siehe auch Kapitel *„Botengänger und Metzgerpost"*
[49]Avantgarde bezeichnet die Vorhut, der Truppenteil, der als erster vorrückt und Feindberührung hat.

Dahingegen ist der Abmarschzeitpunkt der Schweden bekannt. So konnte „...*Herzog Bernhard mit der Infanterie und Canons den 23ten so wegen der Steigen nicht eher...*" *(AF Bd. 12; S. 1208)* in Aalen aufbrechen. Mit den Schweden zog auch der Nördlinger Bote, welcher sich nach der Ankunft in Bopfingen auf den Weg zurück nach Nördlingen machte.

Die in Bopfingen liegenden Kaiserlichen wurden von den Schwedischen „*niedergehauen*". Ein Teil der kleinen Garnison konnte sich wohl noch retten. Die Collectanea Haakiana berichtet über die Einnahme Aalens und der Ankunft der Schweden in Bopfingen folgendes:

„...*Den 13. August (23. August), abend, ist ihro herzögl. Gnd. und Herr mit der Armee unversehens für Bopfingen gangen und das Stättlein eingenommen, die darin haben diese Gäst sich nicht versehen und dass es Schwed. Volk wäre, ließ sie in dez Stättlein kommen und die Kais. niedergehauen, da haben sie es allererst gemerkt und kein verstecken dürfen, wer es getan, ist in gewahr Leibes und Lebens gestanden, Sintemahlen der Gewalt werd nunmehr vorhanden. Wer von den Kaiserl. sich nicht zeitlich darvongemacht, wird niedergehauen und hingemetzelt.*

Die Croaten hat man auf der Parthey dißorthes und bei Aalen recht durch den staub gejaget und viel erlegt und beede Reichsstättlein wieder in Schwed. Devotion gebracht. Dieser Nacht sind etliche schwed. Obristen in Bopffing geblieben, die Soldadesca aber sich auf den Breitwang begeben und allda eingegraben, die beeden Herren Generalisimi sein zu Kirchheim über Nacht..." *(StANö Chro. Nr. 920; Nr. 921)*

Zusammenfassend ergibt sich folgendes Bild: Am 22. August kam Feldmarschall Horn mit der Vorhut in Bopfingen an, nahm die Stadt ein und rückte weiter in östlicher Richtung auf die Höhen beim Osterholz, welche von den Kroaten besetzt gewesen waren. *(MAT; S.24; 55.Extraordinari...).* Diese wurden vertrieben, und die Truppe unter Horn setzte sich dort fest. Am 23. August folgte ihm Herzog Bernhard, der zunächst bei Bopfingen ankam und sich dann mit den Truppen unter Feldmarschall Horn weiter östlich vereinte. Die Schweden rückten also auf einen „*Pass*" und den nächst daran gelegenen Wald den sie besetzten. Irrtümlicherweise wird in anderer Literatur der Breitwang als Lagerplatz erwähnt. Hierbei handelt es sich jedoch um das Osterholz und dessen nach Osten und Südosten gelegenen Höhen, u.a. den Goldberg und den Reisberg bei Pflaumloch, dessen Ausläufer bis Nähermemmingen reichen. *(Abb. 4; A)*

Diese Höhen zu besetzten, war eine notwendige, taktische Entscheidung, da es vorteilhafter war, die der Stadt Bopfingen in Richtung Nördlingen vorgelagerten Höhen einzunehmen. Zum Einen konnten sich die Schweden eher Zugang nach Nördlingen verschaffen, zum Andern war es möglich heranziehende, feindliche Einheiten aus einer erhöhten Position anzugehen, was nicht möglich gewesen wäre, wenn die *„Schweden"* in Bopfingen stehen geblieben wären. Vom Osterholz in nördlicher Richtung liegt der Ort Kirchheim, wo die schwedischen Feldherren nach Haak eine Nacht verbrachten. Die Soldaten lagerten auf den genannten Höhen. Im Schloß Wallerstein befand sich bereits eine schwedische Besatzung, die mit *„Ausfällen"*[50] die umherstreifenden kaiserlichen Parteien angriff. Während dieser Zeit zogen immer wieder die Kroaten aus. Mit diesen kam es zu vereinzelten Scharmützeln. *„Bey Kirchheim in der Höhe gegen Bopffingen"* *(StANö Chro. Nr. 922)* sollen die Schwedischen und Kaiserlichen aneinandergeraten sein. Der am 25. August in Bopfingen verfasste Brief nach Wertheim gibt darüber Auskunft, was am 24. August geschah. Der anonyme Schreiber berichtet, dass es etliche Scharmützel mit Kroaten und kaiserlichen Kürassieren gab.

In diesen tat sich besonders der schwedische Oberst Platow[51] hervor. Nachdem er die genannten Kürassiere vertrieben hatte, gelang es Feldmarschall Horn weiter, in Richtung Nördlingen vorzudringen.*(StAWt-F Rep. 231 Nr. 3113)* Nach Herzog Bernhards Auffassung sollten die Kaiserlichen angegriffen und eine Schlacht geschlagen werden. Dies wurde aber aufgrund der Position der kaiserlichen Truppen *„welcher alle vortheil inne gehabt"* *(MAT; S.6; Relation oder außführlicher Bericht...)* nicht getan. Außerdem bildet die Eger ein natürliches Hindernis, über das die Schweden hätten rücken müssen. Gegen eine Schlacht standen auch Feldmarschall Horn und weitere Offiziere. Vielmehr wurde beschlossen die Stadt Nördlingen mit weiteren Soldaten zu verstärken.

Am 24. August rückte der rechte schwedische Flügel unter Bernhard von Weimar von der Höhe bei Pflaumloch herab bis an den Egerübergang bei Nähermemmingen, gegenüber der Ortschaft Utzmemmingen *(Abb. 4; B)*.

---

[50]Als *„Ausfall"* wird ein Angriff bezeichnet, der aus einer belagerten Festung oder Stadt heraus geführt wird.
[51]Erasmus von Platow (?-1641?) Er starb vermutlich an den Folgen von Stichverletzungen die er sich während eines Duells mit dem Obristen Kerberg zuzog. *(TE IV: S.625)*

Die Schmitt'sche Karte[52] gibt eine Darstellung des Flusslaufes um 1800 wider. Zu erkennen ist, dass die Eger aus zwei Flussläufen besteht, die am Ort Nähermemmingen vorbei fließen.

Ein Übergang nach Utzmemmingen war nur an der Walkmühle *(Abb. 4; Loderwalk)*, direkt in Nähermemmingen *(Abb 4; Meming)* und dann erst wieder kurz vor Nördlingen an der Stegmühle *(Abb 4; Sieg. M.?)* möglich.

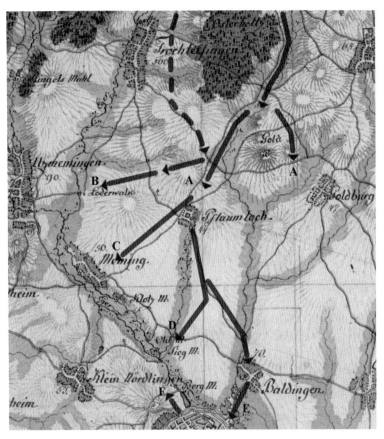

Abbildung 4: Landkartenausschnitt der, Schmitt'schen Karte Nr.112, 1797 Originale im
Österreichischen Kriegsarchiv, Wien. Karte nach Westen (Oben) ausgerichtet.
A-F im Text, gestrichelte Linie als zusätzlich, möglicher Anmarschweg

---

[52] Aus dem Jahr 1797 stammendes Kartenwerk über Süddeutschland. Gefertigt unter der Leitung des Freiherren Johann Heinrich von Schmitt. 198 Blätter; Maßstab 1:57600; nach Westen ausgerichtet.

Die „Schweden" verstärken Nördlingen

Zum Zeitpunkt des schwedischen Aufmarsches lagen in Utzmemmingen mit Regimentsstücken bewaffnete kaiserliche Dragoner unter Oberst Gans. Hier entwickelten sich schwere Gefechte, in deren Verlauf der kaiserliche Oberst neben vielen andern Soldaten getötet wurde. *(Abb. 4; B)*
Nach Haak hatte: *„Herzog Bernhard in dieser Nacht, da er Veldmarschall Horn mit 200 comendierte Soldaten nach Nördlingen geschickt, etliche Partheyen Reiter mit den Kaiserl. U. Picolominischen Regiment scharmützeln lassen...bey Nähermemmingen und bey der Eger haben sie miteinander gefochten..."* *(StANö Chro. Nr. 926; siehe Abb. 4; C)*. Der schwedische linke Flügel unter Feldmarschall Horn stand noch auf den Höhen über Pflaumloch, rückte dann in Richtung Nördlingen vor. *„An einem Paß bey einer Mühl an besagtem Eger-Fluß"* *(AF Bd. 12; S. 1210; siehe Abb. 4; D)* hatte sich kaiserliche Reiterei formiert, die von einer schwedischen Reitertruppe unter Lorenz von Hoffkirchen angegriffen wurde. Hilfe erhielten die Schweden aus der Stadt Nördlingen. Aus dem Bergertor kommend, unterstützten Soldaten die Angriffe der Schweden. Die Kämpfe fanden *„hinter der Bergmühl und zumahlen Stegmühl"* *(HK; S.89; siehe Abb. 4; E)* statt. Gedeckt wurde dieses Gefecht durch Geschützeinsatz vom Löwen-, Wasser- und Bergertorturm. Währenddessen drangen Reitertruppen unter Feldmarschall Horn bis zur belagerten Stadt Nördlingen vor *(Abb. 4; F)*. Jeweils ein schwedischer Kavallerist führte einen Musketier auf seinem Pferd mit sich und lies diesen dann vor der Stadt absitzen.

Abbildung 5: Merian, Matthaeus d. Ä: Magdeburg während der Belagerung 1631
aus Theatrum Europaeum, Band II, 6. Aufl., Frankfurt am Main: M. Merian, 1679.
Exemplar der Universitätsbibliothek Augsburg, Sign. 221 / NN 1300 M561-2

Sie gelangten ans Baldingertor, durch welches die Nördlinger Besatzung mit 250 Musketieren[53] verstärkt wurde. Hierbei kam es zu einer Unterredung Horns mit dem schwedischen Obristleutnant Daubitz[54].
Es wurde die Verabredung getroffen, die Stadt innerhalb von sechs Tagen zu *„entsetzen"*, da man warte, bis weitere Truppen zu den Schweden stoßen würden, die aus den Truppen des *„Rheingrafen"* und Feldmarschall Cratz, der Württembergischen Landesdefension, dem Ranzau'schen[55] Regiment und den Truppen unter Schaffalitzky bestünden.

Die „Schweden" lagern auf dem Breitwang

Nachdem die Nördlinger Garnison verstärkt wurde, entschlossen sich nun die schwedischen Befehlshaber, mit der Armee den Rückmarsch nach Bopfingen anzutreten. Indessen setzten die Kaiserlichen den abrückenden Schweden nach. Hierzu wurden abermals Kroaten und kaiserliche Kürassiere ausgeschickt, um die Nachhut, die von Herzog Bernhard befehligt wurde, anzugreifen. Diese Angreifer wurden jedoch von den Schweden zurückgeschlagen. Nach diesen Begebenheiten berichtete der schwedische wie auch württembergische Kriegskommissar Hans Heinrich von Offenburg[56] am 26. August, an Herzog Eberhard III von Württemberg was sich die Tage zuvor zugetragen hatte[57]: *„...biß dato Ist Sonderlich nichts, Alls etliche kleine Scharmüzel vorgangen, In welchen der Crabaten Obriste Bleschouiz[58] Zween Schüz und ein wunden in rücken empfangen, das mann nit anders gemeindt, dann er werde Todt sein, deßgleichen seindt vom*

---

[53]Die Zahl der Verstärkung Nördlingens wird unterschiedlich beziffert. Haak gibt 200, Horn 250 Mann an.
[54]Erhard Daubitz, Pfarrersohn aus der Oberpfalz. Er war Oberstleutnant unter Ranzau und kommandierte währende der Belagerung 500 schwedische Soldaten, die in der Stadt Nördlingen zur Garnison lagen. Nach der Schlacht gelangte er nach Frankfurt.
[55]Josias Rantzau (1609-1650), versah seit früher Jugend Kriegsdienst bei wechselnden Parteien. Nach der Schlacht nahm er Dienst für Frankreich und erreichte den Rang eines Marschalls. Während seines Kriegsdienstes erhielt er 60 Wunden. Dabei verlor er ein Auge, ein Ohr, ein Bein und einen Arm, was ihn aber an der weiteren kriegerischen Abenteuern nicht hinderte!
[56]Siehe auch Kapitel *„Hans Heinrich von Offenburg"*
[57]Bei diesem Schreiben handelt es sich um einen Teil der noch erhaltenen Korrespondenz zwischen den in Bopfingen liegenden Offizieren und Herzog Eberhard von Württemberg. Diese wurden erst in jüngster Zeit im Hauptstaatsarchiv Stuttgart wiederentdeckt. Diese Briefe sind daher von großer Bedeutung, da sie ein Zeitzeugnis der schwedischen und württembergischen Seite darstellen. Nach der Schlacht war die schwedische Kriegskanzlei in die Hände der Sieger gefallen und größtenteils vernichtet worden.
[58]Crabaten Obriste Bleschouitz wird in Documenta Bohemica Bellum Tricenannale Illustrantia (DBBTI), Tomus V, 1630-1635, Kriegsliste Nr.20, als Laurentius de Blaskowitz genannt. Mit 1632 geworbenen 5 Kompanien. Nach DBBTI Nr.1163 führte er im Jahre 1635 Briefverkehr mit Ottavio Piccolomini. Folglich hat er das Gefecht überlebt.

Feindt 2 Obriste Leutenant und etliche gemeine Reiter geblieben...“ (StAS Sign. A29 Bü.70; Abb. 6)
Offenburg berichtet weiter, dass die schwedischen Generale beschlossen hätten „...sich etwas zurück, uff ein Berg nechst an Popffingen begeben, biß deß Herrn Rheingrafen Truoppen auch ankommen...“ (ebd.) Demnach lagerten die Schweden erst ab 25. August, also nach ihrer Rückkehr, komplett auf dem Breitwang.

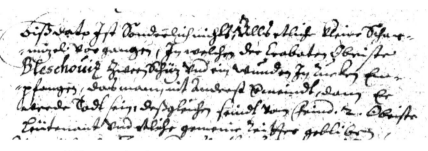

Abbildung 6: Briefausschnitt; Hans Heinrich von Offenburg an Herzog Eberhard
Hauptstaatsarchiv Stuttgart; Sign. A 29 Bu.70

Feldmarschall Horn verfasste nach der Ankunft in Bopfingen einen Brief an Herzog Eberhard, der für den 26. August datiert ist. Er berichtet, dass dem Herzog wohl schon durch Herrn von Offenburg mitgeteilt wurde, was sich vor Ort zugetragen hätte. Dass man vorgestern, also am 24. August, die Nördlinger Garnison verstärkt habe und, dass er ein Schreiben des Rheingrafen Otto Ludwig vom 22. August aus Freiburg erhalten habe und annehme, dass er mit seinen Truppen noch nicht weit heranmarschiert sei. Er bittet den Herzog um weitere Nachricht ob er etwas über den Verbleib der Rheingräflichen Truppen wisse[59].

---

[59]Abbildung auf der folgenden Seite: Original unterzeichneter Brief Gustaf Horns´ an Herzog Eberhard, datiert Bopfingen den 16./26.August 1634, Hauptstaatsarchiv Stuttgart; Sign. A 29 Bü. 70 Fol. 57
Die Dringlichkeit nach Verstärkung der schwedischen Truppen ist dabei deutlich erkennbar.

57

Am 25. August erhielten die *„Schweden"* durch die württembergischen Landesdefensionäre weitere Verstärkung[60]. Mit diesen trafen nun auch das Ranzau´sche Regiment und Generalmajor Schaffalitzky mit zwei Regimentern zu Pferd und einem Regiment zu Fuß in Bopfingen, bzw. auf dem Breitwang ein. *(MAT; S.8; Relation oder außführlicher Bericht...)* Nach der Ankunft der Schweden auf dem Breitwang bis zu ihrem Abmarsch in die Schlacht am 5. September, sind keinerlei größere militärische Aktionen überliefert. Dahingegen gibt es verschiedene Aufzeichnungen die Proviant- und Nachschublieferungen betreffen. Dazu beratschlagten die schwedischen Heerführer ihre weitere Vorgehensweise.

Christoph Heinrich von Griesheim[61], der auf dem Breitwang in schwedischer, *„ehrenvoller Haft"* gehaltenen wurden, überlieferte in seinem, nach der Schlacht verfassten Bericht, einen Ausschnitt von dem, was im Lager geschah. Er berichtet von Gesprächen mit Herzog Bernhard und Feldmarschall Horn, in welchen es u.a. um die Absicht der Kaiserlichen geht, das Land Württemberg einzunehmen. Das Herzogtum Württemberg war seinerzeit noch wenig von Kriegsereignissen verheert. Vorräte an Lebensmitteln müssen noch genügend vorhanden gewesen sein.

Selbst Feldmarschall Horn wird in Griesheims Bericht zitiert, indem er gesagt haben soll *„...daß in Würtenberg fünffzehenmalhunderttausent Commisbrot vor sie gebacken würden..."* *(BSB; Glückliche Haupt Victoria und wahrhaffte Relation..; Sign. Bavar. 5117 y)* und ein unglaublicher Vorrat an Korn und Wein im Land Württemberg vorhanden sei.

Beide Feldherren informierten sich bei Griesheim über die Truppenstärke der Kaiserlichen. Als dieser antwortete, dass die Kaiserlichen 28000 Mann im Feld hätten und das *„Italienische Volk"* 12000 Mann stark sei, schenkten diese ihm keinen Glauben.

---

[60]Die Zahl der Truppenstärke wird oftmals mit bis zu 6000 Mann beziffert. Diese Zahl muss nach neuesten Forschungen, durch Herr Jörg Wöllper, nach unten korrigiert werden. Es handelte sich um max. 3000 Mann Landesausschuss. Diese Zahl wird allerdings auch schon in der bei Kessler gedruckten Nürnberger Handschrift genannt, jedoch als *„unrealistisch"* bezeichnet. *(HK; S. 52)*

[61]Christoph Heinrich von Griesheim (1596/98-nach 1658) war ein Vetter des Bernhard Schaffalitzky von Muckendell. Er selbst stand aber in Mainzer Diensten und war zum katholischen Glauben konvertiert. Griesheim hielt sich in Süddeutschland auf und wollte in seine Heimat Thüringen reisen. Hierzu lies er sich von seinem Verwandten, Schaffalitzky einen *„Pass"* ausstellen, der ihm einen freie Durchreise ermöglichen sollte. Als Herzog Bernhard hiervon erfuhr lies er Griesheim ins Lager auf den Breitwang führen und ihn dort festhalten. Die Zeit während der Schlacht verbrachte Griesheim beim Tross. Am 12. September befand er sich bereits in Köln wo der Bericht *"Glückliche Haupt Victoria und wahrhaffte Relation..."* auch *„Griesheim Rapport"* veröffentlicht wurde.

Weimar und Horn gingen von einer Gesamtzahl der Kaiserlichen von 9000 Mann zu Pferd und 8000 zu Fuß aus.*(ebd.)* Sie gedachten eher, dass sie Griesheim mit dieser Zahl abschrecken wolle.

Griesheim berichtet auch, wie mit einem vermeintlichen Spion verfahren wurde. Herzog Bernhard erwähnte gleich nach Griesheims Ankunft in einem Gespräch: *„...daß sie einen Jungen von Adel vor 3. tagen so das Läger außzukundtschafften / dahin kommen wehre / hette hencken lassen..."* *(ebd.)* Dieses Ereignis lässt sich für die Zeit um den 30. August ausmachen. Das 55. Extraordinari berichtet ebenfalls über dieses Ereignis. *„Gestern haben Ih. Fürstl. Gn. Herzog Bernhard einem jungen von Adel Schönfeld vom Geschlecht, aufhencken lassen..."* *(MAT; S.25; 55.Extraordinari...)* Zum Einen gibt dieses schreckliche Ereignis einen Einblick, wie mit vermeintlichen Spionen verfahren wurde, und zum Andern spiegelt es auch die Wichtigkeit wider, an Informationen über den Feind zu kommen.

Botengänger und „Metzgerpost"

Den Feind auszukundschaften oder Nachrichten zu überbringen, war für beide Parteien, die Schwedische, wie auch die Kaiserliche, von größter Bedeutung. Hierzu wurden u.a. freiwillige Botengänger eingesetzt.

Schillernstes Beispiel für einen Botengänger ist die Person des Adam Jacker aus Krauthausen[62], welcher sich dreimal durch die feindlichen Linien schlich. Sein erster Botengang führte ihn von Nördlingen nach Aalen, wo er auf die Schweden traf. Dort übergab er eine Botschaft in der der Rat der Stadt Nördlingen um Hilfe und *„Entsatz"* der Stadt bat. Gemeinsam mit den Schweden zog er nach Bopfingen und von dort wieder zurück in die belagerte Stadt. Mit den Worten *„mich hungert"* meldete er sich am Baldingertor an und wurde aus dem Graben an der Stadtmauer hochgezogen. Bei seinem zweiten Botengang fiel er in die Hände umherstreifender Kroaten. Aus deren Griff konnte er sich nur mit der Lüge behelfen, dass er ein armer Bauersmann von Kirchheim sei und den Kroaten das Vieh nach Aalen hätte treiben müssen. Seine Botschaften waren auf kleine Zettel geschrieben, die in eine Bleikugel eingegossen wurden und mit dem Petschaft des Nördlinger Kommandanten Daubitz bedruckt waren.

---

[62]Adam Jacker stammte aus Kirchheim am Ries. Wohnte in Goldburghausen, dass seinerzeit noch Krauthausen hieß. Er hatte die Witwe des Tuchträgers Weckerlen geheiratet, die 28 Jahre älter war als er. Seine Dienste für die Stadt Nördlingen wurden ihm reich belohnt.

Bei seinem dritten und letzten Botengang wurde Jacker auf dem Breitwang für drei Tage zurückgehalten. Aufgrund des ungewissen Schicksals wurde in Nördlingen veranlasst, dass ein weiterer Bote ausgeschickt wurde. Hierzu erklärte sich der *„krumme Schneider"* von Baldingen bereit, ins Lager auf den Breitwang zu gehen. Auf seinem Weg traf ihn eine kaiserliche Wache an. Diese gaben sich als schwedische Soldaten aus, worauf sich der *„krumme Schneider"* verriet. Dies hatte zur Folge, dass er aufs Grausamste bestraft wurde. Ihm wurde die Zunge aus- und abgeschnitten, danach wurde er in einem Garten vor der Stadt Nördlingen erhängt. *(HK; S.52-55)* Auf kaiserlicher Seite wurden die in Umland umherstreifenden Kroaten für Spähdienste eingesetzt. Von Seiten der Schweden wurden immer wieder Späher ausgeschickt, um Informationen über den Feind einzuholen. Der Briefverkehr Herzog Eberhards von Württemberg, mit seinen in Bopfingen liegenden Offizieren, gibt hierbei abermals Auskunft. Am 23. August berichtet Hans Heinrich von Offenburg in einem Schreiben, dass der Stallmeister Herzog Bernhards, der zugleich ein Rittmeister war, ausgeschickt worden sei, um den Feind auszukundschaften, was ihm auch gelang. Der rege Briefkontakt nach Stuttgart wurde nicht nur durch eigens vom Militär gestellte Boten getragen. Im Herzogtum Württemberg war bereits seit dem 16. Jahrhundert die sogenannte Metzgerpost aktiv. Dabei wurden die Metzger zu Post- und Nachrichtendiensten verpflichtet. Dies resultierte aus dem Umstand, dass sie zumeist in Besitz von Pferden waren und von einer Ortschaft zur anderen zogen. Dabei wurde schon früh die Idee aufgegriffen, sie für Botendienste einzusetzen. Im Jahr 1622 wurde dazu eigens eine Ordnung verfasst und in Druck gebracht, in der Rechte und Pflichten der Metzger und ihrer zu verrichtenden Nachrichtendienste festgelegt wurde. Hierbei kam es natürlich zu Konflikten mit der kaiserlich legitimierten Taxis Post, welche das Postmonopol inne hatte. Im Rahmen der Miliz gab es die sogenannte Metzger – Kompanie. Diese wurde aus den berittenen Metzgern gebildet. Sie waren für den Kurierdienst der württembergischen Armee zuständig. Darüber hinaus wurden sie als leichte Kavallerie eingesetzt. Beispielsweise im Jahr 1634 bei der Blockade der Festung Hohenzollern. Anhand einer Liste aus dem August 1634 gab es eine 100 Mann starke Kompanie im Dienste Württembergs.
Um den 20. August lieferten zwei Metzgerboten einen Brief des Württembergischen Herzogs an Feldmarschall Horn ins Feldlager nach Bopfingen, was von Hans Heinrich von Offenburg in einem Brief bestätigt wurde.

Er berichtet weiter, dass die beiden Boten sich aber ohne jegliche *„Abfertigung"*, also ohne weitere Befehle zu empfangen, unerlaubt davongemacht hatten. Dies wurde von Feldmarschall Horn übel aufgenommen und er verlangte, dass die Boten dafür bestraft würden. Offenburg hatte sie vorher noch ermahnt, zu warten, bis sie ordnungsgemäß entlassen wären. So machten sich nun beide, in diesem Fall unerlaubt, zurück auf den Weg ins Württembergische. Die Nachricht, dass sie sich entfernt hatten, muss ihnen vorausgeeilt sein.

Am 16. August erging Meldung aus Göppingen an Herzog Eberhard, dass beide Metzger, der eine mit Namen *„Hanns Betzen"* und der andere *„Georg Stügelins Knecht"*, welche zwar ordnungsgemäß ein Schreiben an Feldmarschall Horn überstellt hätten, aber trotz einer strengen Ermahnung Hans Heinrich von Offenburgs, gegen jeden Befehl fortgeritten seien, gefangen sind. Beiden wurde ihr *„....sträffliches Verbrechen, mit sondern Ernst vorgehalten..."(StAS Sign. A29 Bü.70 Fol.60)* und ihre Entschuldigung zu diesem Vorfall gehört. Sie beteuerten diese, indem sie vorgaben, dass sie Hans Heinrich von Offenburg, dem sie auf ihrem Heimweg nochmals begegneten, nicht zurück ins Lager nach Bopfingen folgen konnten. Dieser sei, als sich umherstreifenden Feinde in ihrer Nähe gezeigt hatten, auf und davon in Richtung Bopfingen geritten. Da ihre Pferde aber bereits aufgrund mangelnder Nahrung geschwächt gewesen seien, haben sie diese einen Teil des Wegs führen müssen. Der Gefahr ausgesetzt in Feindeshand zu geraten, entschieden sie sich dafür, nicht mehr Richtung Bopfingen zu gehen, sondern gegen Rechberg, wo sie ihre Pferde wechselten und von dort nach Göppingen kamen. In Göppingen angekommen wurden sie verhaftet. Daraufhin wurde eine Anfrage an Herzog Eberhard gestellt, wie mit beiden zu verfahren sei. Da bisher keine weiteren Unterlagen gefunden wurden, bleibt das Schicksal von *„Hanns Betzen"* und *„Georg Stügelins Knecht"* ungeklärt.

Pulver und Piken

Die Übermittlung von Nachrichten war von äußerster Wichtigkeit für die auf dem Breitwang lagernden Truppen. Einzig über diese Methode war es möglich Nachschub an- und einzufordern. Hans Heinrich von Offenburg schrieb mehrfach im Auftrag Gustaf Horns, man solle zur Verstärkung der in Bopfingen liegenden Truppen 100 Zentner Pulver und 1000 Piken zur Verfügung stellen. Erstmalig formulierte er dies in einem Schreiben vom 23. August aus dem Feldlager bei Bopfingen.

Als Kriegskommissar *„pendelte"* Offenburg zwischen Bopfingen und beispielsweise Schorndorf, von wo er am 27. August abermals die dringend benötigte Ausrüstung anforderte: *„...Bei meinem Abreisen haben beede Herrn Generaln mir auch gnedig bevohln. E. Fst. Dlt. umb 1000 Piquen, ...und 100 Centner Pulver nochmal zu ersuchen..."* (StAS Sign. A29 Bü.70 Fol.80)

Abbildung 7: Einfall in die Veluwe. Bildausschnitt: Plünderung aus Theatrum Europaeum, Band I, 3. Aufl., Frankfurt am Main:M. Merian, 1662. - Exemplar der Universitätsbibliothek Augsburg, Sign.02/IV.13.2.26-1

Ein weitaus größeres Problem sollte die Versorgung der Soldaten mit Lebensmitteln darstellen. Für diese sollte ebenfalls das Herzogtum Württemberg aufkommen.

Von Proviant und Beute

Mit der Verstärkung der schwedischen Armee, verstärkte sich jedoch auch die Nachfrage an Proviant und nach *„Beute"*. Proviant wurde aus Württemberg mit stetigen Transporten ins Lager auf den Breitwang bezogen. Die Stadt Bopfingen, bzw. deren Bürger wurden gezwungen ihr Hab und Gut ins Lager zu liefern. So wurde die Stadt aufs Äußerste geplündert. Dazu schafften die Schweden *„Baumaterial"*, hauptsächlich aus Bopfingen und der ländlichen Umgebung ins Lager auf den Breitwang. *„...im Städtlein (Bopfingen) haben sie die Bürger geschossen und geschlagen und hinweg auf den Breitwang geführt. Dahin haben sie auch viel Holz und Bretter, Tische, Stühle, Zinn und Kupferwerk, Kleider und Bettgewand verbracht und das Städtlein in Grund und Boden verderbt..."* (HK; S.72) Nach weiterer Überlieferung konnten sich drei kaiserliche Soldaten nach der Ankunft der Schweden in Bopfingen verstecken. *„Befreit"* wurde die Stadt indessen nicht. Die Schweden unterschieden sich von den Kaiserlichen in ihrem Verhalten in keiner Weise. So haben auch die Schweden *„...Die Leut darzu erbärmlich tractiert und jämmerlich gepeinigt, darmit alles und ob es schon viel Claffter tief unter dem Boden war versteckht und vergrabe gewest, heraus gepreßt, welcher unsägliche schaden nicht zu schätzen..."* (Kriegs Gravamina der Statt Bopfingen, StALB Sign. 165 Bü. 51) An Gegenwehr durch die Bürgerschaft war nicht zu denken. Teile der Bevölkerung waren geflohen oder *„...wegen eingefallenen schweren Kriegs und Sterbens..."* (Ratsprotokoll der Stadt Bopfingen 24. Dezember1634) dahingerafft.

Auf dem Breitwang lagerte nun das schwedische Heer, das zu diesem Zeitpunkt eine ungefähre Gesamtstärke von 20000 Mann hatte. Hierzu musste noch der Tross, mit den Ehefrauen, den Kindern, Marketendern und Händlern und Handwerkern aller Art gerechnet werden. Der Tross konnte zweimal so groß sein als die kämpfende Truppe. So kann von 60000 Menschen ausgegangen werden, die sich während dieser Zeit auf dem Breitwang aufhielten. Hierzu kam noch eine unzählige Menge an Pferden und Tieren, die verpflegt sein wollten.

„*...Die Würtenberger thun mit Schickung der Proviant als redliche Leut, das ihrige, dahero den Soldaten das Courage zu fechten und ihrem Feind unter Augen zu gehen immer wächst und zunimmt...*" (MAT; S.23; 55.Extraordinari...) Die Realität hatte jedoch ein anderes Gesicht. Der von Obrist Philipp von Liebenstein angeführte Württembergische Ausschuss, welcher am 25. August im Lager auf dem Breitwang ankam, war jedoch weit weniger versorgt als angenommen. Bereits am 28. August schrieb er aus dem Feldlager nach Stuttgart, man solle Proviant ins Lager der Württemberger liefern. Er beklagte sich darüber, dass die Schwedischen Proviantmeister alles an sich ziehen und die Verpflegung auf ihre Truppenteile verteilen würden. Darüber gebe es Differenzen und ohne Streit könne er keinen Proviant bekommen. Er schreibt: „*...Wann man von ihm broviandt vordert, Valln die andtwordt haben lang genug gefressen kenn, kennden wohl ein zeitlang fasten. Bitt derohalber hechlich, ob uns daß broviandt auf dies Regementer Apart schickhen kendt, Undt ob nicht den officiern bisweilen ein trunck Wein kende geschickt werdn...*" (StAS Sign. A29 Bü.70 Fol.89) In Verpflegungsordonanzen[63] wurde festgelegt, was und wie viel der einzelne Mann, gemessen an seinem militärischen Rang, täglich an Nahrungsmitteln, sprich Fleisch, Brot, Bier oder Wein zu erhalten hatte. Dem gemeinen Mann standen laut einer schwedischer Ordonanz aus dem Jahre 1632, 2 Pfund Brot, 1 Pfund Fleisch und 1 Maß Wein zu.

Ausgegangen von einer Gesamtzahl von 20000 Soldaten errechnet sich eine unvorstellbare Menge an Lebensmitteln, die täglich im Lager verbraucht wurde. Auf einen Mann kamen theoretisch 1 kg Brot/Tag, was insgesamt 20000 kg Brot/Tag ausmachen würde. Dies wären allein 40000 Leibe Brot a´500g, die im Lager für die Soldaten gebraucht wurden. Die Angehörigen des Trosses mussten sich über die Marketendereien im Lagermarkt versorgen. Aufgrund der schwierigen Transportsituation und mangelnder Lieferungen zum Breitwang wurden „*Victualien*" zu überhöhten Preisen angeboten.

---

[63]Gleichbedeutend mit einer gedruckten Verordnung

*„Ein Obrister soll täglich zwo Mahlzeiten haben, vor sich und die Seinige,
u. jede Mahlzeit 12 Essen, deren eines ins andere nicht mehr denn 1/8 eines Reichsthalters kosten...10 Pfund Brods, 10 Maas Weins" (JH S. 185)*
Christoph Heinrich von Griesheim, berichtet in seinem nach der Schlacht
veröffentlichten Bericht, dass er mehrmals durch Herzog Bernhard von
Weimar und Feldmarschall Horn zu Tisch geladen wurde und mit diesen
speiste. Offensichtlich war die Versorgung der hohen Offiziere im Feldlager geregelt.

Befestigtes Lager auf dem Breitwang?

Da sich nun die Schweden auf den Breitwang zurückgezogen hatten, wurde daran gedacht, sich auf diesem Posten einzugraben. Dazu wurde das
Lager mit Schanzbauten befestigt. Nach Haak hatte *„...nämlich zur rechten Hand gegen der Höhe Feldmarschall Horn sein Gezelt gehabt, allwo
wo auch weiter zur Linken hinein die Cavallerie gestanden, weiter hinein
aber zur linken Hand gegen Hohenberg zu , kurz ehe die Äcker anfangen,
Herzog Bernhards Zelt. Über das ist auch zur Rechten die Schanz zu sehen, worinnen die Artollerie, item Munitions- oder so genannten blaue
Wägen*[64] *gestanden..." (StANö Chro. Nr. 126; Nr. 127; auch bei OF S.13)*
Offensichtlich handelte es sich bei der von Haak beschriebenen Schanze
um ein geschlossenes Bauwerk, welches die schwedischen Munitionswägen schützen sollte. Die Schweden legten jedoch weitere Verteidigungs-
posten im Umfeld ihres Lagers an. Zur Sicherung des Aufstiegs aus Richtung Bopfingen hatten die Schweden mehrere Geschütze an der Steig[65] unterhalb des Breitwang postiert. Mit diesen gelang es ihnen bis über Bopfingen hinweg in das *„Ipffeld"* zu schießen, wo sich immer wieder kaiserliche Soldaten zeigten. Offenbar schlugen dabei auch Geschosse in der
Stadt ein. *(Haak bei OF S.14)* Noch kurz vor der Schlacht meldete Philipp
von Liebenstein seinem gnädigen Fürst und Herr, Herzog Eberhard, dass
Generalkommando ergangen sei, dass man das ganze Lager umschanzen
und in Verteidigungszustand bringen solle. Hierzu mangelte es jedoch an
geeignetem Werkzeug. Er wurde von Herzog Bernhard und Feldmarschall
Horn aufgefordert 5 bis 600 Heppen[66] und Handbeile anzufordern.

---

[64]RBRH; S.83, bestätigt die Verwendung der blauen Farbe für schwedische Wagenplanen.
[65]Dieser Bereich würde sich auf Höhe des Bopfinger Bildungszentrums befinden.
[66]Als Heppe wird ein Werkzeug zum entasten von Bäumen bezeichnet

Diese sollten schnellstmöglich an die von ihm kommandierten zwei Brigaden geliefert werden *(StAS Sign. A29 Bü.70 Fol.141).* Das Vorhaben, sich
weiter auf dem Breitwang zu verschanzen, wurde von den schwedischen
Truppen nicht mehr umgesetzt. Der Entschluss der Stadt Nördlingen zu
Hilfe zu kommen war bereits gefasst.

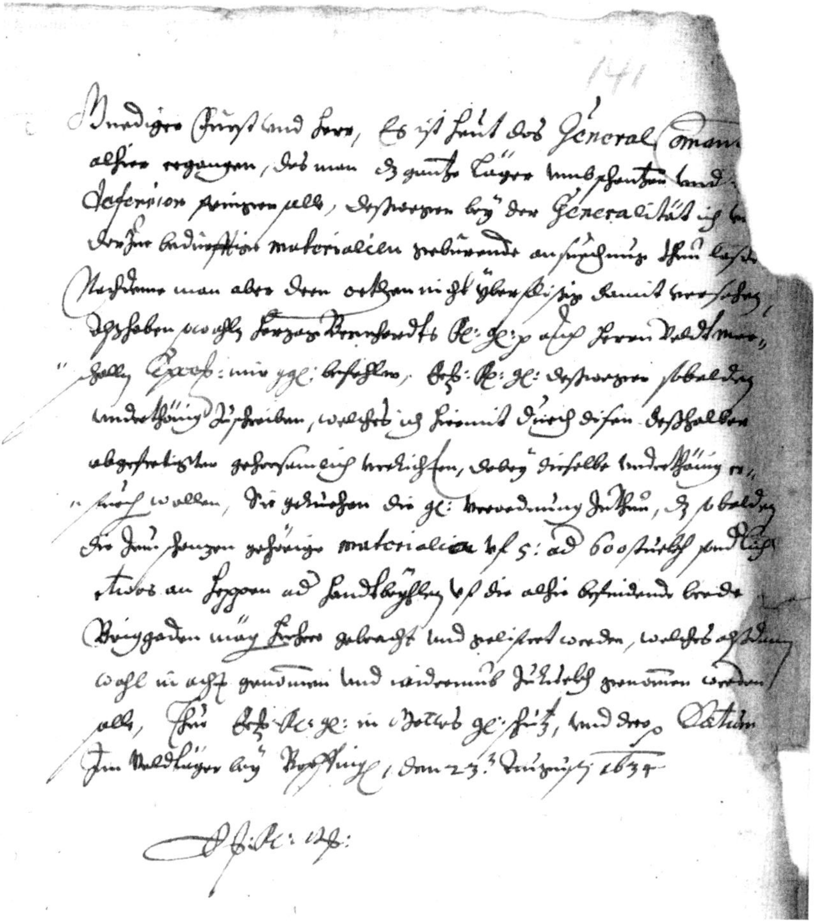

*Abbildung 8: Briefausschnitt. Philipp von Liebenstein an Herzog Eberhard, u.a. Anforderung von Heppen und
Handbeilen, die an die württembergischen Brigaden geliefert werden sollen. Datiert im Feldlager bei
Bopfingen am 23. August (2.September greg. Kalender) 1634;
Hauptstaatsarchiv Stuttgart; Sign. A 29 Bü. 70 Fol. 141*

Vom Abmarsch der „Schweden" in die Schlacht

Die schwedischen Befehlshaber erfuhren durch den Boten, Adam Jacker, der sich zum dritten mal von Nördlingen auf den Breitwang begeben hatte, dass sich die Stadt Nördlingen nicht mehr lange halten könne. Am 2. September kehrte Jacker nach Nördlingen zurück und überbrachte die Botschaft, dass die Schweden noch die Ankunft der Rheingräflichen Truppen erwarten. Danach solle ein Entsatz der Stadt Nördlingen erfolgen. Es war abgesprochen, dass nach seiner Ankunft auf dem Daniel Pechkränze zu entzünden seien. Als dies erfolgte, lösten die Schweden auf dem Breitwang zwei Kanonenschüsse zur Antwort. Die Feuerzeichen auf dem Daniel dienten auch zur Verständigung darüber, wie groß die Not in der Stadt sei. Nachfolgend wurden von den schwedischen Befehlshabern Überlegungen angestellt, wie der belagerten Stadt am besten zu helfen sei. Eine Möglichkeit war, dass sich die Schweden bei Wallerstein befestigten, wobei hierbei die Proviantzufuhr aus Württemberg in Gefahr geriet. Feldmarschall Horn wies darauf Generalquartiermeister Morßheuser[67] an, zu prüfen, ob eine Möglichkeit bestehe, näher bei Nördlingen einen Posten zu fassen „*...wann man die Strassen herunder die von Ulm auf selbige (Nördlingen) zugehet / und sich an den Arnsperg[68] legte...*" (MAT S.11; Relation oder außführlicher Bericht...). Sich für diesen Weg zu entscheiden, lag zum Einen daran, dass die Nachschubzufuhr aus Württemberg weniger gefährdet wäre und zum Anderen, dass Überläufer den Schweden berichteten, dass die kaiserliche Kavallerie in weitem Umkreis verstreut einquartiert sei und die Infanterie mit der Belagerung Nördlingens beschäftigt wäre. Da die Schweden weiterhin auf Verstärkung warten mussten, wurde der Abmarsch nochmals verschoben. Im kaiserlichen Lager waren am 3. September die Truppen unter Kardinalinfand Fernando angekommen, welche die Belagerungstruppen um weitere 15000 Mann verstärkten.

---

[67]Generalquartiermeister Morßheuser. Er war wohl auch für die Bestimmung des Breitwangs als Lagerplatz verantwortlich. Zu seinen Aufgaben zählte auch die Feindaufklärung.

[68]Arnsperg oder Arnsberg: Seine Lage ist bisher umstritten. Auf Merians Kupferstich wird das Gebiet um Schweindorf als Arnsberg bezeichnet. Schon im 19. Jahrhundert stritten sich die „*Gelehrten*" um welches Gebiet es sich nun handle. So wurde der Arnsberg an den Ohrengipfel verlegt, der sich ca. 8km vom Schlachtfeld entfernt befindet. Oscar Fraas stützt sich jedoch auf die Relation Gustaf Horns. Dieser und den Angaben Fraas´ gefolgt, scheint jedoch mit Arnsberg der Lachberg gemeint zu sein.

Den selben Tag wurde Nördlingen stark beschossen und am folgenden Tag ein massiver, vierstündiger Angriff auf die Stadt geführt.

Der starke Beschuss war den Schweden nicht verborgen geblieben. In der Meinung die Stadt sei gefallen, schickten sie zwei *„Parteien"* und Kundschafter aus, um die Lage zu prüfen. Als diese wieder auf den Breitwang zurückkehrten, brachten sie die Nachricht, dass die Stadt noch nicht in die Hände der Kaiserlichen gefallen sei. Dies wurde auch von eingebrachten Gefangenen bestätigt. *„...Also haben sich ihre fürstl. Gnd. und Hr. Veldmarschall Horn, Veldmarschall Cratzen, Generalleutnant von Hoffkirchen underredet und anfangs zu Bopfing bey Matthae Breitenbücher, Gastgeber, Kriegsrath und nachgehend auch auf dem Breitwang gehalten und die Handlung wohl erwogen das es nunmehr hohe Zeit wäre Nörling zu entsetzen..."* (StANö Chro. Nr. 950). Es wurde auch darüber beraten, die Stadt den Kaiserlichen zu überlassen und sich ins Württembergische zurückzuziehen, um sich dann mit den immer noch ausbleibenden Rheingräflichen Truppen zu vereinigen. Da die Schweden jedoch ihr Versprechen gegeben hatten und die Stadt Nördlingen bereits mehrfach Feuerzeichen am Daniel entzündeten, wurde der Entschluss[69] gefasst, den Abmarsch zum *„Arnsperg"* anzutreten.

In der Nacht zum 5. September wurde damit begonnen, das Lager auf dem Breitwang abzubrechen. An diesem Tag führte Herzog Bernhard von Weimar das Kommando über die schwedischen Truppen, somit wurde ihm auch der Befehl über die Avantgarde zu Teil. Feldmarschall Horn führte vermutlich den Hauptzug.

Die Marschformation der Armee war in der Regel festgelegt. Anzumerken ist, dass im Fall des schwedischen Abmarsches nicht genau gesagt werden kann welche Einheit wo stand. Die *„Gründliche und Wahrhafte Relation"* (MAT S.50 / 51) gibt darüber Auskunft, dass Fußvolk, Reiterei und grobes Geschütz vorausgeschickt wurden. Dies deckt sich mit dem nachfolgend beschriebenen *„Idealbild"* einer Marschformation.

Die zum Marsch bereite Armee wurde in drei Kolonnen geteilt, dem Vorzug (Avantgarde), dem Mittelzug und der Nachhut. Die einzelnen Kolonnen wurden aus unterschiedlichen Truppengattungen zusammengesetzt. Beispielsweise bestand die Vorhut aus Dragonern, die im Vortrab die Umgebung sicherten und erkundeten.

---

[69]Die Collectanea berichtet, dass der Entschluss gefasst wurde *„....durch die Hölzer zu marschieren und am Häselberg herauszukommen..."*; StANö Chro. Nr. 950

Ihnen folgten die Schanzbauern, die Pioniereinheiten der damaligen Zeit. Diese führten auf Wägen ihre nötige Ausrüstung mit sich. Auf diese folgten Musketierabteilungen und leichte Kanonen mit dazugehörenden Munitionswägen und Mannschaften, gefolgt von weiterem Fußvolk und ihrer im Feld benötigten Bagage, wie Munition- und Rüstwägen. Den Abschluss der Vorhut bildeten Einheiten der Kavallerie. Der Hauptzug wurde von Fußvolk, leichter Artillerie, Munition- und Rüstwägen mit anschließender Kavallerie gebildet. Diesem angeschlossen war die restliche Artillerie. Sortiert, beginnend mit kleinen Feldgeschützen bis hin zu großen Kanonen. Die Anordnung der Kavallerie und Artillerie sollte beim Aufmarsch der Schweden eine entscheidende Rolle spielen. Die schwere Artillerie gruppierte sich vor der Kavallerie ein, was später für eine Verzögerung des Anmarsches sorgen sollte. Die Nachhut wurde von weiterem Fußvolk mit Geschützen und weiterer Kavallerie gebildet. Die Bagage folgte dem gesamten Zug. Um diesem Seitenbedeckung zu gewährleisten wurden Dragonereinheiten und weiteres Fußvolk eingesetzt. Um 6 Uhr früh *(MAT S. 51 Gründliche und Wahrhafte Relation...)* begann der Abmarsch vom Breitwang *(Abb. 9; A)*. Die Schweden zogen zwischen den Ortschaften Weilermerkingen und Dehlingen in südliche Richtung *„in den Grund"*[70]. Ihr Aufbruch war nicht unbemerkt geblieben. Kroatische Späher meldeten diesen im kaiserlichen Lager. Da sich der Abmarsch weiter in südliche Richtung erstreckte, vermutete man im kaiserlichen Lager, dass die Schweden in Richtung Lauingen und somit der Donau abzögen. Die kroatischen Späher schenkten darauf dem Abmarsch kein weiteres Augenmerk. Die schwedische Marschkolonne bewegte sich also weiter nach Süden als bisher angenommen. Während des Marsches scherte die Bagage mit Kriegskasse und Kanzlei, in Begleitung einer württembergischen Brigade, nach Neresheim aus *(Abb. 9; B)*. Bei ihnen befand sich auch Christoph Heinrich von Griesheim. Die Annales Ferdinandei[71] berichten von einer *„Finte"* der Schweden und dass sie den Weg über *„Küssingen"*[72] *(AF S.1213)* genommen hätten. Dies deckt sich mit Merians Kupferstich, der die Schweden über den Ort Schweindorf marschieren lässt *(Abb. 10)*.

---

[70]Haak bei Oscar Fraas, Seite 25, berichtet, dass die Schweden *„in den Grund"* marschierten. Dabei könnte die Senke, südlich von Dehlingen, gemeint sein. Hier mündet die Straße, von Dehlingen kommend, in die B466 / Ulmerstraße ein. Auf Merians Kupferstich, abgedruckt in Theatrum Europaeum marschieren die Schweden durch die Ortschaft Schweindorf.
[71]Annales Ferdinandei: Geschichtswerk in 12 Bänden, gefertigt durch Franz Christoph von Khevenhüller. Diese umfassen den Zeitraum 1578-1637
[72]Gemeint ist Kösingen und die Richtung aus der die Truppen anmarschierten.

Ergänzend hierzu berichtet Haak, dass der Anmarsch in Richtung Nördlingen über den Mörtinger Hof[73] erfolgte *(Abb. 9; C)*. Im Anmarsch stießen weitere Verstärkungen zur schwedischen Armee. Dabei handelte es sich um die Truppenteile des Feldmarschall Cratz[74] und vier Kompanien der Rheingräflichen Armee[75] unter Major Goldstein. Die Gesamtstärke der schwedischen Armee hatte sich nun auf ca. 24000 Mann erhöht.

Abbildung 9: Landkartenzusammenschnitt der, Schmitt'schen Karte Nr.100 und Nr.112, 1797 Originale im Österreichischen Kriegsarchiv, Wien. Karte nach Westen (oben) ausgerichtet.

---

[73]Haak bei Oscar Fraas, S. 25
[74]Siehe auch Kapitel „*Das Belagerungskorps Cratz der fränkischen Armee*"
[75]Siehe auch Kapitel „*Die Rheingräfliche Armee*"

Vermutlich nahmen Herzog Bernhards und Feldmarschall Horns Truppen unterschiedliche Anmarschwege auf Nördlingen, was schon aufgrund der Größe und Länge der einzelnen Marschkolonnen anzunehmen ist *(Abb. 9; D / E)*. Feldmarschall Horns Truppen zogen in Richtung Ederheim, und Herzog Bernhards Truppenteil stieß wieder auf die Ulmerstraße, von wo sie weiter vorrückten. Nach zehnstündigem Anmarsch erreichten die ersten schwedischen Truppen zwischen 16 und 17 Uhr das Gebiet südwestlich der Ortschaft Ederheim, welches als *„Kampf" (Abb. 9; F)* bezeichnet wird.

Abbildung 10: Der "schwedische" Anmarsch über Schweindorf. Bildausschnitt aus:
„Delinatio Aciei Et Pugnae ad Noerdlingam VI Septembr: Ao. MDCXXXIV"
Kupferstich in Theatrum Europaeum III

Kurzer Abriss über die Schlacht bei Nördlingen

Am späten Nachmittag des 5. September rückten die ersten schwedischen Truppen aus dem Wald oberhalb Ederheims *(Abb. 9; F)*. Erst spät von kaiserlichen Einheiten bemerkt, kam es zu Kampfhandlungen. In einem hin- und herwogenden Gefecht nahmen die Schweden, unter Bernhard von Weimar, die Höhen[76] Ländle und Lachberg ein, stellten sich in Schlachtordnung in einer Linie von Holheim, bis auf die Höhen bei Ederheim auf. Einzig eine auf dem Häselberg im Wald liegende Musketiereinheit der Kaiserlichen leistete noch Widerstand. Diese konnten sich noch bis in die Nacht halten, mussten aber unter Artilleriefeuer auch die Höhe des Häselberges aufgeben. Der durch morastige Wege anmarschierende rechte Flügel der Schweden unter Feldmarschall Horn, erreichte erst bei Dunkelheit das Kampfgebiet. Umgeworfene Wägen, Kanonen und der schlechte Zustand der Anmarschwege verzögerten einen Aufmarsch. Auf kaiserlicher Seite wurde der Oberbefehl über die gesamte vereinigte Kaiserliche – Ligistische – Spanische Armee auf Generalleutnant Matthias Graf Gallas übertragen. Gallas erkannte die gespannte Lage, und sogleich war ihm bewusst, dass die strategisch wichtige Höhe, der Albuch, zu halten sei. Unter Anleitung des im militärischen Bauwesen bewanderten Paters Gamassa, legten die kaiserlichen Einheiten in der Nacht zum 6. September Verteidigungsanlagen[77] auf dem Albuch an. Diese Schanzen wurden von starken erfahrenen kaiserlichen Truppen und teils mit weniger routinierten Soldaten belegt. Die Schlachtlinie der Kaiserlichen zog sich nun vom Albuch in nördliche Richtung über die Anhöhen bei Herkheim in Richtung Nördlingen. Am Morgen des 6. Septembers begann der schwedische Angriff auf den Albuch. Feldmarschall Horn erkannte, dass es sich hierbei um die strategisch wichtigste Position des Kampfgebietes handelte. Durch ein Missverständnis griffen jedoch zuerst Kavallerieeinheiten die befestigten Stellungen auf dem Albuch an. Diese wurden geschlagen und waren gezwungen sich am Fuße des Albuch zu reorganisieren. Die schwedischen Sturmkolonnen begannen mit ihrem Angriff und es gelang, die mittlere Schanze auf dem Albuch zu erstürmen.

---

[76]Die Höhen in ihrer Reihenfolge von Utzmemmingen (West) nach Hürnheim (Ost): Himmelreich, Kampf, Ländle; Lachberg; Häselberg und Albuch. Siehe auch teilweise in Abb. 9.
[77]Drei nach hinten offene Werke, die den Albuch vor Sturmangriffen schützen sollten. Reste der Schanzanlagen sind auf dem Albuch noch zu erkennen. Die mittlere Schanze liegt westlich der Otto Rehlen Hütte und Reste einer weiteren östlich der Hütte. Die letzte Schanze wird nördlich der mittleren Schanze vermutet.

Die von mehreren Seiten in die Schanze stürmenden schwedischen Truppen gerieten jedoch in Unordnung. Völlige Konfusion entstand, als größere Mengen Pulver in der Schanze explodierten. Die Schweden zogen sich an den Fuß des Albuchs zurück. Die Schanze stand nun leer. Der kaiserliche Befehlshaber Gallas nutzte diese Gunst und lies die Schanze schnellstmöglich wieder besetzten. Den Schweden blieb nur der abermalige, mörderische Sturmangriff auf den verschanzten Albuch.

Der linke Flügel der Schweden geriet unterdessen in schwere Kämpfe mit Reiterverbänden unter Johann von Werth und des Herzogs von Lothringen, welche vom rechten Flügel der Kaiserlichen durch Fußtruppen unterstützt wurden. Die gespannte Lage am schwedischen rechten Flügel blieb Bernhard von Sachsen-Weimar nicht verborgen. Hierzu schickte er Truppen aus seinen Reihen zur Unterstützung. Diese gerieten jedoch in den Bereich der nördlichen Albuchschanze und mussten sich weiterer Gefechte erwehren. In schwere Bedrängnis gerieten nun auch Herzog Bernhards Truppen auf dem Häselberg. Am Albuch erkannte Feldmarschall Horn nach über zehn Sturmangriffen, dass ein weiterer Sturmangriff sinnlos erschien und begann mit Rückzugsvorbereitungen. Der rechte schwedische Flügel sammelte sich bei Ederheim für einen geordneten Abmarsch.

Die auf dem Häselberg stehenden Truppen konnten sich währenddessen dem Ansturm der Kaiserlichen und dem nun verstärkt einsetzendem Artilleriefeuer nicht mehr erwehren. Die schwedische Linie wurde von den Kaiserlichen durchbrochen, und die flüchtenden Schweden begannen von den Höhen des Lachbergs und des Häselbergs hinabzustürzen.

Dabei gerieten sie in den bei Ederheim stehenden, geordneten Rückzugsverband, von Horns Truppen. Daraufhin verfiel alles in Konfusion. Eine Ordnung der Truppen von Seiten Horns gelang nicht mehr. Ein einsetzender Generalsturm der Kaiserlichen versetzte den Schweden die endgültige Niederlage. Den kaiserlichen Sturmangriff unterstützend, drangen kroatische Reiter, welche das Hauptkampfgebiet umgingen, ebenfalls auf die Schweden ein. Die Schweden flohen in südlicher und westlicher Richtung. Auf der Flucht wurden sie von den ihnen nachsetzenden Kroaten niedergehauen. Feldmarschall Horn und andere hohe Offiziere wurden von den Kaiserlichen gefangen. Herzog Bernhard gelang nur knapp die Flucht indem ihm einer seiner Soldaten sein Pferd überließ. Die Schlacht war vollständig verloren.

Die Folgen der Schlacht

Unsagbares Leid war die Folge der Schlacht. Bei der Schlacht sollen allein auf schwedischer Seite 12000 Menschen umgekommen sein. Väter, Söhne und Brüder, die nicht mehr in ihre Heimat zurückkehrten. Unter ihnen etwa 2000 Mann[78] der Württembergischen Landesdefension. 6000 Mann wurden gefangen genommen, darunter viele hohe Offiziere. Die auf kaiserlicher Seite kämpfenden Spanier verfuhren unbarmherzig mit den besiegten Schweden indem sie auf die am Boden liegenden Soldaten Schwarzpulver streuten und diese in Brand setzten. *„...mit vermelden / weils Ketzer seyen / so müße man sie mit Fewer verfolgen / und verbrennen..."* *(MAT S. 54 Gründliche und Wahrhafte Relation...)*
4000 Wägen, 1200 Pferde, 300 Kornetts und Fahnen wurden Beute der Kaiserlichen. Nach einer Aufzeichnung der Kaiserlichen fielen ihnen 41 Geschütze in die Hände. Reiche Beute zogen die den Schweden nachjagenden Kroaten ein. In Neresheim fiel ihnen die Kriegskanzlei und die persönliche Habe Bernhards von Weimar in die Hände.
Glück im Unglück hatte dagegen der in schwedische Dienste zwangsrekrutierte Söldner Hagendorf. Er schrieb in sein Tagebuch: *„....Auff dies mal, hatt mich der Almechtige sonderlich behutet, Also das Ich den lieben godt höchlich dafür die Zeit meines lebens zu dangken habe, den mir Ist kein finger, verledtzet worden, da sonsten kein einiger // Alle die wieder zum Regemendt kommen sindt, ohne schaden gewesen sindt..."* *(JP S. 62)*
Nach der Schlacht kehrte er in die Dienste der bayerischen Armee zurück und trat dort eine Korporalsstelle an. Er war einer der wenigen, die die Schlacht unbeschadet überlebten.

---

[78]Siehe auch Fußnote 60. Die Verluste werden nach einen Schreiben Württembergischer Räte vom 3. September auf 2000 Mann beziffert. Oftmals werden 4000 Tote Württemberger genannt, was aber aufgrund der nach unten korrigierten Gesamtstärke nicht realistisch ist. Philipp von Liebenstein gelang nach der Schlacht die Flucht.

Die Stadt Bopfingen fiel nach der Schlacht, ohne jegliche Gegenwehr in die Hände der Kaiserlichen. Weiteres Unheil, Plünderungen und Raub drohten. *„Mittwochs, d. 27. August (6. September) nach der Schlacht haben die Kaiserl. Bopfing wied eingenommen und außgeplündert, gleichwohl noch den Schwedischen wenig gefunden, dann die selben haben alles und das Vieh dazu verzehrt und in Grund die Stadt verderbt.Dahero ist es an deme gewesen, daß die Croaten u. Spanier die Bürger darnieder mache wollen, wo sich die 3 versteckte kais. Soldaten solches verhütet und ausgebeten hätten, daß ist ihr groß Glück gewesen" (StANö Chro. Nr.958)* Die in der Stadt versteckten drei kaiserlichen Soldaten verhüteten fürs erste noch mehr Unglück, das über Bopfingen und dessen Bürgerschaft hereinbrechen sollte. Ganz verhindern konnten sie es jedoch nicht.

Flüchtige oder als Besatzung zurückgelassene Soldaten der Schweden wurden gefangen genommen. Eine im Theatrum Europaeum veröffentliche Liste weist diese, nach und während der Schlacht gemachten Gefangenen, aus. Hierunter befand sich auch ein Hauptmann: *„....bey dem Beckerischen Regiment befinden sich nit mehr als ein hoher Officirer / ein Hauptmann / welcher in dem Stättlein Bopffingen ist gefangen worden / wird mit Namen genennet Michael Metziger von Obersfeld / von dem Bannierschen Regiment..." (TE S. 379)* Vermutlich wird dieser Gefangene, wie andere auch, doppelt erwähnt und zwar als: *„Michael Metzger / Capitayn zu Fuß / unter dem Obrist Leibstein / Würtenb. Volks..." (TE S. 378)*

Die Stadt Nördlingen musste sich nach der verlorenen Schlacht ergeben und fiel an die Kaiserlichen. Die im Nördlinger und Bopfinger Umland liegenden Städte und Ortschaften erfuhren Drangsale und Grausamkeiten.

In Aalen brach ein verheerender Brand aus, als zurückgelassene Pulverwägen in Brand gerieten. Die freie Reichsstadt Giengen wurden ebenfalls ein Raub der Flammen. In der dortigen Stadtkirche erinnert noch heute sogenannte Brandbild aus dem Jahr 1663 an dieses schreckliche Ereignis.

Wie in Giengen, brannte es auch in fast allen Ortschaften der Umgebung. Ein Teil der Bopfinger Bevölkerung war ebenfalls geflohen. In der Stadt wurden verwundete Soldaten des Alt-Sächsischen Regiments einquartiert. Die bereits bis aufs Äußerste ausgeplünderten Bewohner Bopfingens mussten diese verpflegen, obwohl sie selbst schwersten Hunger litten. Schwerwiegendste Folge der Schlacht war, dass sich nun Krankheiten und Infektionen ausbreiteten, denen ein weiterer Teil der Bevölkerung erlag.

Nach der Kriegsgravamina[79] *(StALB Sign. 165 Bü. 51)* sollen 2/3 der Bopfinger Bürgerschaft verstorben sein. Die Zahl der Bürgerschaft reduzierte sich auf 60, also muss Bopfingen noch ca. 300 Einwohner[80] besessen haben. Ab Weihnachten 1634 finden sich wieder Einträge in den Bopfinger Ratsprotokollen, die seit Anfang August, wegen Kriegseinflüssen und der Abwesenheit des Stadtschreibers Friedrich Enßlin, nicht mehr geführt wurden. Bis in den Sommer 1635 war Bopfingen immer wieder von Durchzügen und Einquartierungen betroffen. Die Lage in Bopfingen muss dramatisch gewesen sein, da die Bürger *„...gantz unnatürliche Speißen von abgestandenem Vieh und anderm genoßen, und den Soldaten, was sie von einem Tag zu dem andern mit ihrem theuren schwaiß erworben, raichen und hergeben müßen..."* *(Religionsgravamina StALB Sign. 165 Bü. 51)*. Bis Juli 1635 fielen insgesamt 8000 Gulden für Quartierkosten und Salva Guardia[81] an. Erweiterte Folge der Schlacht war, dass das Herzogtum Württemberg von den kaiserlichen Kriegsvölkern überschwemmt wurde. Der von den evangelischen Reichsständen mit Schweden aufgerichtete Heilbronner Bund löste sich auf. Ende Mai 1635 wurde der Prager Frieden[82] geschlossen. Die deutschen Reichsstände traten diesem nach und nach bei. Der Abschluss eines Bündnisses zwischen Schweden und Frankreich hatte den Kriegseintritt der Franzosen zur Folge. Der Kriegszustand im Deutschen Reich währte damit weiter an.

---

[79]Die Kriegsgravamina wurde verfasst, um die Leiden und Lasten der Bürger in schriftlicher Form auf dem Reichstag in Regensburg im Jahre 1640 vorzulegen. *(StALB Sign. B 165 Bü. 51)*
[80]Siehe auch Kapitel *„Bopfingen, kleine freie Reichsstadt am Rande des Ries"*. Im Jahr 1633 hatte Bopfingen noch ca. 720 Einwohner. Die Bevölkerungsabnahme könnte insoweit richtig sein. Von den 720 Einwohnern ausgegangen errechnet sich bei einem 2/3 großen Bevölkerungsverlust eine Einwohnerzahl von 240.
[81]Schutzbriefe, die vor Plünderungen und unerlaubten Einquartierungen schützen sollten.
[82]Der Prager Frieden wurde zwischen Kaiser Ferdinand II und Kursachsen geschlossen, dem Nach und Nach weitere Reichsstände beitraten. Wichtigste Inhalte waren u.a. die Aussetzung des Restitutionsedikts für 40 Jahre, die Bildung von Bündnissen mit ausländischen Mächten wurde verboten und die Aufstellung einer Reichsarmee angestrebt.

Kurzbiografien

In den folgenden Kurzbiografien werden der schwedische Feldmarschall Gustaf Graf Horn und Herzog Bernhard von Sachsen – Weimar vorgestellt. Ergänzend dazu werden weniger bekannte, aber dafür wichtige Persönlichkeiten vorgestellt. Es handelt sich hierbei um den Obristen Philipp II von Liebenstein. Über ihn wurde bisher lediglich geschrieben, dass er Kommandant der beiden württembergischen Brigaden war, die in der Schlacht bei Nördlingen kämpften. Er liefert uns durch seine erhaltenen Briefe einen Einblick in das Feldlager auf dem Breitwang und den Zustand der ihm anvertrauten Truppen. Eine weitere nennenswerte Person, die vorgestellt wird, ist Hans Heinrich von Offenburg, der sowohl schwedischer, als auch württembergischer Kriegskommissar war. Wie Liebenstein befand auch er sich im Feldlager bei Bopfingen. Seine Korrespondenz mit Herzog Eberhard[83] von Württemberg ist teilweise erhalten und übermittelt ebenfalls Ereignisse aus dieser Zeit.

Gustaf Graf Horn

Gustaf Graf Horn wurde am 22. Oktober 1592 in Örbyhus (bei Uppsala) geboren. Er studierte in Rostock, Jena und Tübingen. Bereits 1625 war er Kommandant der schwedisch – finnischen Truppen in Livland. Im Sommer 1630 landete er im schwedischen Heer auf Usedom. Horn war mit der Tochter des schwedischen Reichskanzlers Axel Oxenstierna verheiratet und hatte zwei Kinder. Seine Ehefrau Christina begleitete ihn auf dem Feldzug und erkrankte. In dieser Zeit lies er seine militärischen Aktivitäten ruhen und sorgte für die Pflege seiner Frau und seiner Kinder. Nachdem sich der Gesundheitszustand seiner Frau gebessert hatte, nahm er wieder aktiv am Kriegszug der Schweden durch Deutschland teil. Leider erlitt seine Frau einen Rückfall und starb. Horn hatte zuvor einen Offizier beauftragt, für die Pflege seiner Frau und Kinder zu sorgen. Dieser sperrte die Kinder in einen Verschlag und gab das ihm anvertraute Unterhaltsgeld aus. Sein Sohn starb, während seine Tochter dieses Trauma überlebte.

---

[83]Herzog Eberhard III von Württemberg (1614-1674). Seit 1628 Regent über das Herzogtum Württemberg. Er stand zunächst unter Vormundschaft seiner Onkels und trat 1633 die Regierung an. Nach der Schlacht flüchtete er nach Straßburg. Siehe auch Kapitel *„Die Folgen der Schlacht"*. In erster Ehe war er mit der Wild- und Rheingräfin Anna Katharina Dorothea von Salm-Kyrburg verheiratet und in zweiter Ehe mit Maria Dorothea Sophie von Oettingen-Oettingen.

Gustaf Horn kämpfte in der Schlacht bei Breitenfeld, in welcher er den linken Flügel befehligte. Mit den Schweden rückte er weiter in den süddeutschen Raum vor, nahm dabei die Städte Mergentheim und Heilbronn ein. In der Schlacht bei Rain am Lech kämpfte er gegen die Truppen Tillys.

Im Herbst 1632 war Horn mit den Schweden bis ins Elsass vorgedrungen und belagerte Breisach. Nach der Schlacht bei Lützen erhielt er, gemeinsam mit Herzog Bernhard von Weimar, das Kommando über die schwedischen Truppen. Dieses brachte ihn jedoch in Konflikt mit Herzog Bernhard von Sachsen – Weimar, der den Oberbefehl für sich beanspruchte. Nach der verlorenen Schlacht bei Nördlingen geriet Gustaf Horn in Gefangenschaft und verbrachte die meiste Zeit auf der Burg zu Burghausen, wo er seine Relation zur Schlacht verfasste.

Im Jahr 1642 wurde er gegen Gefangene aus dem kaiserlichen Lager ausgetauscht. Unter diesen befand sich sein ehemaliger Kampfgefährte aus der Schlacht bei Nördlingen, Lorenz von Hoffkirchen, der zur kaiserlichen Seite gewechselt war und der Reitergeneral Johann von Werth.

In der letzten Phase des *„Teutschen Krieges"* nahm er nicht mehr teil. Nach seiner Freilassung kehrte er nach Schweden zurück, beteiligte sich am Schwedisch – Dänischen Krieg und wurde Präsident des Kriegskollegiums und Reichsmarschall. In seinen letzten Lebensjahren war er Statthalter von Livland und Schonen. Am 10. Mai 1657 starb er in Skara.

Abbildung 11: Feldmarschall Gustaf Graf Horn Universitätsbibliothek Augsburg,
Sammlung Oscar Braun, Sign. OB Blatt-Nr.128; Kass. V/7

Herzog Bernhard von Sachsen – Weimar

Bernhard von Sachsen – Weimar wurde am 16. August 1604 in Weimar geboren. Er war der elfte Sohn Herzogs Johanns von Sachsen – Weimar. Bernhard studierte in Jena und lebte zeitweise am Hof des Herzogs Johann Casimir von Coburg. Der elfte Sohn eines Herzogs zu sein, minderte die Aussicht auf eine eigene Herrschaft immens, und so zog er früh in den Kriegsdienst. Bereits 1622 kämpfte er in Wiesloch und Wimpfen, und im folgenden Jahr in der Schlacht bei Stadtlohn. 1625 trat er in die Dienste Dänemarks unter König Christian IV und im Jahr 1631 in den Dienst der Schweden unter Gustav Adolf. Bereits nach der Schlacht bei Werben, im Sommer 1631, erhielt er das Kommando über das königliche Leibregiment. Wie Horn, nahm auch er am Feldzug der Schweden in den süddeutschen Raum teil. Im Sommer 1632 kämpfte er an der *„Alten Veste"* bei Nürnberg und im November des selben Jahres in der Schlacht bei Lützen, wo er den linken schwedischen Flügel befehligte. Nachdem der König in der Schlacht gefallen war, übernahm er die Führung und führte die Schweden erhobenen Hauptes aus der Schlacht. Der schwedische Reichskanzler Oxenstierna übertrug ihm den Oberbefehl in Franken, und im Juni 1633 wurde er mit dem Herzogtum Franken von schwedischer Seite belehnt.

Im November 1633 gelang es ihm die Stadt Regensburg einzunehmen. Gemeinsam mit den Truppen Feldmarschall Horns nahm er Landshut ein.

Die Schlacht bei Nördlingen überstand Herzog Bernhard von Weimar leicht verletzt. Mit viel Glück konnte er sich vor einer Gefangennahme retten. Seine Flucht führte ihn bis Cannstadt, wo er die Reste der schwedischen Armee zu sammeln versuchte. Zusätzlich wurde ihm die Aufgabe übertragen, das Herzogtum Württemberg zu verteidigen. Letztendlich musste er sich jedoch mit den demoralisierten Truppen nach Frankfurt zurückziehen und in den Württembergischen Festungen starke Garnisonen zurücklassen. Im Dezember wurde er in Frankfurt, auf dem Konvent des Heilbronner Bundes, zum General bestellt. Die Mitglieder, und vor allem der schwedische Kanzler Oxenstierna, waren dabei der Meinung, Weimar hätte die Niederlage von Nördlingen verschuldet und sollte deswegen die Lage wieder bereinigen. In Folge dessen lehnte sich Weimar immer mehr an Frankreich an, das sich nun aktiv am Krieg beteiligte. Zum Einen, weil Schweden seine Armee nicht mehr unterhalten konnte und zum Anderen, weil der Heilbronner Bund praktisch aufhörte zu bestehen.

Mit Frankreich schloss er als General des Heilbronner Bundes am 17. Oktober 1635 einen Vertrag ab, der die Finanzierung seiner Armee durch Frankreich regelte und ihm das Elsass als Ersatz für sein inzwischen verloren gegangenes Herzogtum Franken in Aussicht stellte. Weimar sah sich dabei als gleichberechtigter Partner des Französischen Königs, der zu dieser Zeit auf die erfahrenen Weimarer, wie seine Armee in Folge genannt wurde, angewiesen war. Weimar war mitsamt der Armee des Kardinals la Valette im Lauf des Jahres 1635 von den Kaiserlichen bis nach Lothringen und Burgund zurückgedrängt worden. Darüber hinaus hatten im Lauf des Jahres fast alle seiner Festungen in Südwestdeutschland kapituliert.

Erst 1637 konnte er wieder am Rhein Fuß fassen. Dabei baute er bei Rheinau, auf der rechten Seite des Stroms, eine starken Brückenkopf auf, der aber aufgrund mangelnder französischer Unterstützung zum Ende des Jahres verloren ging. Weimar hingegen zog sich mit seiner dezimierten Armee ins Winterquartier in die neutrale Schweiz zurück. Dort verstärkte er mit Hilfe des Berner Ratsherren Johann Ludwig von Erlach[84] seine Truppen und eröffnete überraschend am 17. Januar einen Feldzug am Hochrhein. Beim Entsatz der von ihm belagerten kaiserlichen Festung Rheinfelden kam es dann zu einer Doppelschlacht (28. Februar / 2. März 1638) in der er am zweiten Tag nicht nur die Kaiserlichen samt den Verbündeten Bayern schlug, sondern auch einen großen Teil des Offizierskorps, darunter Johann von Werth, gefangen nahm. Im weiteren Verlauf des Jahres stieß Weimar bis nach Württemberg vor, eroberte darüber hinaus zahlreiche Festungen am Hochrhein, Elsass und im Breisgau und schlug mehrere Kaiserliche, Bayerische und Lothringische Armeen. In dieser Zeit kam es neben zahlreichen Gefechten noch zu zwei weiteren Hauptschlachten[85]. Die Krönung des Jahres stellte aber die Einnahme der kaiserlichen Hauptfestung Breisach, per Akkord, am 19. Dezember 1638 dar.

---

[84]Erlach war ein altgedienter Offizier der in verschiedenen protestantischen Heeren gedient hatte. In den 20er Jahren hatte er sich bei den schwedischen Feldzügen in Polen als Quartiermeister einen Namen gemacht. 1632 war er dann nochmals in Schwedischen Diensten und fungierte bei Lützen als Adjutant Weimars. Als Weimar 1637 im Elsass stand, nahmen beide wieder den Kontakt zueinander auf. Dank Erlachs Beziehungen konnte Weimar seinen Truppen nicht nur ausgezeichnete Winterquartiere verschaffen, sondern in Folge seinen Nachschub aus Basel beziehen. Nach der Rheinfeldener Schlacht trat Erlach als Generalmajor und Weimars Stellvertreter in das Heer ein. Nach dem Tod des Herzog 1639 wurde er zum Vorsitzenden eines Direktoriums der Obersten des Heeres bestimmt und handelte den Vertrag, der das Heer mitsamt vielen Sonderrechten in den Dienst Frankreichs stellte, aus. Bis zum Ende des Krieges war er dann Befehlshaber der Weimarer und Kommandant von Breisach.
[85]Schlacht bei Wittenweier 8. August 1638 ; Schlacht an der Rheinbrücke 15. Oktober 1638

Nach dem famosen Feldzug des Jahres 1638 ging Weimar daran in den eroberten Gebieten ein Herzogtum zu installieren. Dies hatte zur Folge, dass es zu heftigen Streitereien zwischen Frankreich[86] und Weimar kam, da Frankreich das strategisch günstig gestellte Breisach selbst in Besitz nehmen wollte. Weimar starb gerade einmal 35-jährig am 18. Juli 1639 in Neuenburg an Fieber, kurz bevor er einen geplanten Feldzug nach Süddeutschland starten konnte. Nach Herzog Bernhards Tod sorgte Johann Ludwig von Erlach dafür, dass die Weimar´sche Armee, die ohne Kommando war, in Dienst Frankreichs gestellt wurde.

---

[86]Frankreich war seinen finanziellen Verpflichtungen nur schleppend nachgekommen und hatte den Weimarern keine guten Winterquartiere zur Verfügung gestellt. Zudem trafen versprochene Verstärkungen zu spät und selten in der versprochenen Stärke ein. Daher konnte der ungemein erfolgreiche Feldzug von 1638 nur mit Schweizer Hilfe durchgeführt werden.

BERNARD DE SAXE DVC DE WEYMAR, Fils de Iean Duc de Saxe et de Dorothee Princesse d'Anhalt, commença a se signaler en 1631 soubz les Estandarts du Roy de Suede en Alemagne, a la defence de son Camp, contre les attaques de l'armée Imp. comandée par le Comte de Tilly, ensuitte dequoy S.M. luy donna une de ses armees a comander, auec laquelle il prit plusieurs places d'importance, en Franconie Suabe, et vers le Rhin. L'an 1632 les armees Imperiales comandees par le Walsin et Holani, auec des Croates, voulants forcer la Suedoise furent deffaittes par la Valeur des Suedois, sous la conduite de ce Duc. Mais sur tout il fit admirer son courage dans la sanglante Bataille de Lutzen, ou nonobstant sa blessure il perça trois fois les escadrons enemis, et eut ce memorable tourne ou le Roy de Suede perdit la vie, aussy ces belliqueuses armees Suedoise et Allemande se choisirent unanimement pour leur Gnal apres la mort de ce grand Heros tant a cause de ses grands services, que la creance qu'ils auoient en luy. L'an 1633 il s'empara de Spire, de Vorms, et couurit l'Armée Francoise des puissantes attaques, de celle de Galas Imperial. Le seu Roy Louys 13 l'ayant apelle en France pour ses merites luy donna le comandem.d de ses Armees en Allemagne en 1638, où apres qu'il eut pris la pocession de sa nouelle charge, donna Bataille aux Imperiaux pres Rhinfeld, auec l'assistance du Duc de Rohan, les deffit et prit prisonniers les Gnaux Sauelly, Iean de Wert, et Enkenfort, qui les comandoient. Il alla en suitte l'Armee Imp. du Gnal Goeitz, et l'an 1639 le M.al de Guebriant l'ayant ioint. Ils assiegerent et prirent l'importante Ville de Brisac, Capitale d'Alsace. Il fit encore d'autres beaux faits d'armes dan cette mesme prouince ausy bien qu'en la franche Comte, mais estant arriue a Neubourg il y fut surpris d'une fiebure, dont il mourut le 15 Iullet 1639, au grand regret de ceux qui connoissoient bien sa valeur. Le seu Roy en prit le deuil et toute la Cour fort affligé de la perte qu'on a recelioit Cap.ne qui ne soit qu'en sa année.

A Paris Chez Daret auec priuilege du Roy 1652.

Abbildung 12: Herzog Bernhard von Sachsen-Weimar Universitätsbibliothek Augsburg,
Sammlung Oscar Braun, Sign. OB Blatt-Nr.115; Kass. V/8

Das „Verhältnis" zwischen Gustaf Horn und Bernhard von Weimar

Das Verhältnis zwischen den beiden schwedischen Feldherren war in den Jahren 1633 und 1634 reichlich mit Konflikten beladen, was nicht nur auf den Altersunterschied der Beiden zurückzuführen war.

Vielmehr waren die unterschiedlichen Temperamente und Zielsetzungen der Grund für herrschende Diskrepanzen, die sich negativ auf die schwedische Kriegsführung auswirkten.

Der erste Streit entzündete sich dabei gleich nach dem Tod Gustav Adolfs im November 1632 auf dem Schlachtfeld von Lützen um das vakante Oberkommando der schwedischen Armee. Weimar hatte das Kommando über die Armee noch während der Schlacht übernommen und letztendlich den Sieg über Wallenstein errungen. Allein dadurch hatte er sich für das Oberkommando über die Armee empfohlen. Darüber hinaus standen große Teile des deutschen Offizierskorps hinter ihm. Auf der anderen Seite standen Gustaf Horn und sein Schwiegervater, der schwedische Reichskanzler Axel Oxenstierna. Für Horn sprach, der zu dieser Zeit mit seinen Truppen im Elsass stand, dass er als geborener Schwede ohne Widerspruch loyal zur Krone stand, sowie sich als Offizier und Feldherr bewährt hatte. Darüber hinaus misstraute Oxenstierna dem überaus ehrgeizigen Weimar, der sich bereits in der Vergangenheit nicht König Gustav II Adolf unterordnen wollte. In der nachfolgenden Zeit war Oxenstierna gefordert, die Verbündeten zusammenzuhalten und die Kriegsführung neu zu organisieren.. Sozusagen als Entgegenkommen an die deutschen Verbündeten wurde vereinbart, dass Horn und Weimar sich den Oberbefehl teilen sollten. Dies war vor allem für Weimar ein Erfolg, da er Horn gleichgestellt wurde und er noch darüber hinaus seinen Bruder Wilhelm, der als Generalleutnant formell das Oberkommando hätte bekommen müssen, ausstach.

Zur nächsten Konfrontation kam es dann im April 1633 als die höheren Offiziere der schwedischen Armee wegen rückständigen Soldzahlungen meuterten. Es dauerte bis in den August um die Situation zu beruhigen. Weimar profitierte aus dieser Situation insofern, dass er das Herzogtum Franken verliehen bekam.

Das Verhältnis zu Horn, der hier auf Seiten der schwedischen Krone stand, wurde dabei vor allem dadurch vergiftet, dass die beiden Rädelsführer der Meuterei, Oberst Joachim Mitzlaff und Oberstleutnant Waldow[87], nicht nur aus Weimars Armee kamen, sondern beide in Folge auch noch von ihm gedeckt wurden. Horn erklärte zu dieser Zeit, dass er mit Waldow und Mitzlaff nicht mehr in einem Heer dienen wolle.

1634 kam es dann zu einem handfesten Streit, als Weimar im April und Mai seine Armee widerrechtlich in Nördlingen, Aalen und Schwäbisch Gmünd zur Erholung einquartierte. Dieses Gebiet war ursprünglich für die Versorgung der Armee Horns vorgesehen. Horn verdächtigte darauf seinen Widersacher Mitzlaff, Urheber dieser Idee gewesen zu sein. Als Konsequenz daraus konnte man, laut Generalkommissar Offenburg, nun nicht mehr die Festungen in Oberschwaben verproviantieren, während Weimar sein Herzogtum Franken geschont hatte. Weimar wurde daraufhin zum Bundeskonvent nach Frankfurt zitiert, wo er dann den Oberbefehl über alle Truppen einforderte.

Als sich im August beide Heere zum Entsatz von Nördlingen vereinigten, wurden von Weimar zumindest zwei Streitpunkte aus der Welt geschafft: Oberst Mitzlaff war zwar noch beim Heer, hatte aber keine Charge mehr und Oberstleutnant Waldow hatte man zum Kommandanten der württembergischen Festung Hohenasperg ernannt. Da sich Horn als bedächtig und überlegen erwies und Weimar als *„draufgängerisch"* galt, führten die unterschiedlichen Charaktereigenschaften immer wieder zu Unstimmigkeiten und Streitereien.

Philipp II. von Liebenstein

Der schwedische Oberst ist heute vor allem dafür bekannt, dass er die beiden württembergischen Brigaden ins Lager nach Bopfingen geführt hatte. Das Geschlecht Liebenstein hatte seinen Sitz in der Nähe von Heilbronn. Sie standen in vielfacher Weise in Verbindung mit den Württembergern. Zum Einen hatten sie einige Lehen von den Württembergern und zum Anderen standen Liebensteiner immer wieder im Dienst des Herzogtums. Beispielsweise war Philipps Vater Obervogt von Lauffen.

---

[87]Rüdiger von Waldow war zeitweise Kommandant von Herzog Bernhards Leibregiment.

Philipp selbst wurde 1616 als Vasall geführt und war wohl bei den Aktionen der Landmiliz in den frühen 20er Jahren an der Nordgrenze Württembergs beteiligt. Zumindest tauchte hier ein Liebensteiner als Hauptmann auf, wobei dies auch sein Bruder Albrecht gewesen sein könnte.

Sicher hingegen ist, dass Philipp von 1629 – 1631 Obervogt von Vaihingen war. In dieser Zeit stand er beruflich wie privat in Konflikt mit dem Kaiser. Als Obervogt intervenierte er gegen die Übergabe des Klosters Maulbronn im Rahmen des Restitutionsedikts. Sein Anteil an den Liebensteinischen Gütern sowie der seines Bruders Albrecht wurden 1630 vom Kaiser konfisziert, da sie sich als Feinde des Kaisers zu widrigen Kriegsdiensten gebrauchen ließen und sich dadurch des *„crimen lesae maiestatis"*[88] schuldig machten. In der Familienchronik wird als Grund der Dienst für die Krone Schweden angegeben, was aber sehr unwahrscheinlich scheint, da Schwedens bis 1628 nicht gegen den Kaiser kämpfte. Wahrscheinlicher ist, dass Liebenstein im Dienst Dänemarks gestanden hatte.

1631 trat Philipp in den Dienst bei Wilhelm von Weimar und warb in der Umgebung von Erfurt ein Infanterieregiment. Mit diesem zog er im Frühjahr 1632 nach Donauwörth zum schwedischen Hauptheer. Infolge dessen wurde sein Regiment nach Augsburg in Garnison gelegt und nahm dort an verschiedenen Aktionen in der Umgebung teil.

Philipp erhielt zu dieser Zeit, wie viele andere schwedische Offiziere, Schenkungen. Ihm wurde das zum Stift Kempten zugehörige Gut Hohentann zugesprochen, welches er aber nicht in Besitz nehmen konnte, da dieses zu jener Zeit vom Feind besetzt war.

Im August 1634 wurde er dann zum Befehlshaber der beiden württembergischen Brigaden ernannt, die sich in Göppingen sammelten. Grund hierfür war wohl der Mangel an höheren Offizieren bei den Württembergern, sowie die Tatsache, dass Liebenstein in Württemberg bekannt war. Zusammen mit den Schweden vom Bodensee unter Generalmajor Schaffalitzky[89] und dem Infanterieregiment Rantzau zog er dann ins Feldlager bei Bopfingen. An welcher Stelle er an der Schlacht bei Nördlingen kämpfte, ist nicht bekannt. Er überstand diese wohl unversehrt und erstattete am 10. September Herzog Eberhard in Ettlingen Bericht. Dies geht aus einem Brief des Herzogs an seine Räte in Stuttgart hervor.

---

[88]auch Majestätsbeleidigung
[89]Siehe auch Kapitel *„Die Schweden vom Bodensee"*

In diesem steht weiter, dass Liebenstein anstelle des Oberst Taupadel[90] das Kommando der Festung Schorndorf übernehmen soll. Auch geht daraus hervor, dass er diesbezüglich *„unlustig"* sei. In Folge dessen wechselte er, wie zwei andere schwedische Oberste,[91] in französischen Dienst.

Wahrscheinlich erhielt er dann auch eines der drei deutschen Infanterieregimenter, die zu dieser Zeit in französischen Diensten standen.

Gemeinsam mit Oberst Schmidberg[92] wurde er zum Kommandanten der Festung Mannheim ernannt, die per Akkord am 10. September 1635 an Generalleutnant Gallas übergeben wurde.

Seine Güter wurden abermals vom Kaiser beschlagnahmt und den Grafen Trautmannsdorff und Megau verliehen. Philipp und sein Bruder Albrecht wurden dabei ausdrücklich vom Prager Frieden ausgeschlossen.[93]

Seine finanzielle Situation schien aber nicht allzu schlecht gewesen zu sein, denn am 20. August 1636 heiratete er Maria Martha von Landsberg. In der Heiratsabrede wurde dabei der Erbteil seiner Mutter Margaretha von Rosenberg als Sicherheit eingebracht, obwohl auch dieses zu dieser Zeit beschlagnahmt war. Unter den Trauzeugen tauchten neben seinem Bruder Albrecht, der hier den Rang eines Kapitäns hatte, einige württembergische Offiziere und Beamte auf, was ein Hinweis darauf sein könnte, dass er sich zu jener Zeit in Straßburg aufhielt.

Vermutlich diente er in den folgenden zwei Jahren bei der französischen Armee unter Kardinal la Valette, die in Burgund und im Elsass operierte.

Im Jahr 1637 wurde er laut der Liebensteinschen Familienchronik von Schnapphähnen[94] in Chaumont / Frankreich erschossen.

Generell ist die Quellenlage bei Philipp von Liebenstein sehr dürftig, und ein zusammenhängendes Bild zu schaffen, gestaltet sich als schwierig. Dies gilt vor allem für die Zeit bis 1628 mit der Frage, in welchen Diensten er sich seinerzeit befunden hatte.

---

[90]Georg Christoph von Taupadel (?-1647). Erst in dänischen, dann in schwedischen Kriegsdiensten. Nach diesen wechselte er in den Dienst Frankreichs.

[91]Die beschlagnahmten Liebensteiner Güter wurden 1639 vom Kaiser an die Familie vollständig zurückgestellt. Dagegen mussten sich die Liebensteiner beim Erbe der Mutter mit einer Abfindung durch das Hochstift Würzburg begnügen.

[92]Ludwig von Schmidberg (1594-1657) war 1631/32 Stadtkommandant von Heilbronn. Stand in Diensten Gustaf Horns und wechselte unter das Kommando Bernhards von Weimar. Später trat er in französische Dienste. 1649 erwarb er diesen Ort Lehrensteinfeld bei Heilbronn.

[93]Neben Liebenstein waren dies Christoph Martin von Degenfeld, Josias von Rantzau und Ludwig von Schmidberg. Dabei führten Rantzau und Schmidberg jeweils eines der drei deutschen Infanterie-Regimenter der Französischen Armee. Degenfeld wurde der Befehlshaber der deutschen Kavallerie.

[94]Schnapphahn ist gleichbedeutend mit Straßenräuber oder Wegelagerer.

Interessant sind seine Beziehungen zu führenden Offizieren im schwedischen Heer. Beispielsweise hatten die Väter von Generalmajor Bernhard von Schaffalitzky, Oberst Georg Melchior von Witzleben und Oberst Friedrich Ludwig von Canoffsky zur gleichen Zeit in Württemberg als höhere Beamte im Norden des Herzogtums gedient.

Liebenstein und Witzleben hatten zumindest zeitweise zusammen im Schloss Liebenstein gelebt. Die Schaffalitzky wohnten damals in der unmittelbaren Umgebung, und der spätere Generalmajor heiratete eine Tochter der Familie von Witzleben.

Zudem muss Liebenstein, aus seiner Zeit in württembergischen Diensten, die beiden Oberstleutnante der Landmiliz bei Nördlingen, Grien und Linckh sowie Generalkommissar Offenburg gekannt haben.

Als Taufpaten für seine Tochter Maria Margaretha 1633 konnte er unter anderem Axel Oxenstierna und Gustav Horn gewinnen.

Hans Heinrich von Offenburg

Der heute nahezu unbekannte Offenburg war in den Jahren 1633 – 1634 als Schwedischer und Württembergischer Kriegskommissar tätig. Dabei war er eine der herausragenden Gestalten im süddeutschen Kriegsgeschehen. Dass er trotzdem in der einschlägigen Literatur nur am Rande erscheint ist wohl darauf zurückzuführen, dass er als Kriegskommissar weniger stark bekannt war, als die Offiziere der kämpfenden Truppen[95].

Offenburg stammte aus einem alten Basler Geschlecht und kam zum Studium der Rechte an die Universität Tübingen, wo er 1604 drei lateinische Schriften zu Rechtsfragen verfasste. Hier trat er dann auch in den Dienst des Herzogtums Württemberg, in welchem er nachfolgend Karriere machte. 1606 wurde er zum Hofgerichtsassessor ernannt. Die nächste Stufe in der Karriereleiter erfolgte 1615 mit der Ernennung zum Obervogt von Nagold, ein Amt, das er bis 1631 inne hatte. 1620 wurden er und seine Brüder von Herzog Johann Friedrich mit dem Rittergut Thalheim bei Rottenburg belehnt.

---

[95] Bei seinem kaiserlichen Kollegen dieser Zeit, Wolf Rudolf von Ossa, verhält es sich sehr ähnlich. Dieser hatte schon zu Zeiten des Restitutionsedikts 1629 eine herausragende Stellung inne und brachte es bis zum Feldmarschall, obwohl er kaum einmal ein Feldkommando führte. Dafür erscheint er in fast jeder Ortschronik, wobei er jedoch oftmals negativ besetzt ist. Dies ist darauf zurückzuführen, dass er rücksichtslos seine Forderungen eintrieb.

Während dieser Zeit (1614 – 1623) war er zudem Mitglied im Ritterkanton Neckar – Schwarzwald. Offenburgs militärische Karriere begann im Jahre 1622 als Truppen der Liga unter Generalleutnant Tilly an der Nordgrenze des Herzogtums erschienen und Herzog Johann Friedrich die Miliz mobilisierte sowie eigene Truppen anwarb. Offenburg wurde dabei zum Generalquartiermeister bestellt und war unter anderem für die Einquartierungen der Truppen zuständig. In den folgenden Jahren veränderten sich seine Aufgaben mit der jeweiligen Lage. Nachdem sich das Kriegsgeschehen nach Norden verlagerte, standen seine Aufgaben als Obervogt wieder im Vordergrund. Offenburg wurde mit unterschiedlichen Aufgaben betraut, beispielsweise bei Verhandlungen mit Wallenstein, der im Jahr 1628 kaiserliche Regimenter im Herzogtum Württemberg einquartierte. Nachfolgend wurde er abermals zu Verhandlungen beauftragt, als es in den darauf folgenden Jahren um die Durchführung des Restitutionsedikts in Württemberg ging. Während des sogenannten Kirschenkrieges[96] im Jahre 1631 verhandelte er im Auftrag des Herzog – Administrators Friedrich Julius mehrmals mit den Befehlshabern des kaiserlichen Heeres, Generalwachtmeister Egon Graf von Fürstenberg.

Der Heilbronner Bund verhalf Offenburg dann zum Höhepunkt seiner Karriere. Dieser wurde 1633 zwischen Schweden und den protestantischen Reichsständen Süddeutschlands geschlossen, um die weitere Kriegsführung zu organisieren. Offenburg wurde dabei am 11. Mai 1633 zum *„...der kgl. Majestät und Krone Schwedens, auch gesamter konföderierten evangelischen Stände gestellter Generalkommissarius und Rat im Schwäbischen Kreis..."* bestellt. Im Einzelnen hieß dies, dass er für die Beschaffung von Proviant und sonstigem Nachschub zuständig war. Weiter sollte er Magazine in Ulm, Esslingen, Reutlingen und Heilbronn errichten und die Kreiskasse verwalten. Darüber hinaus organisierte er in Schwaben die Übergabe von beschlagnahmten Gütern an schwedische Offiziere. Er selber profitierte ebenfalls von der Praxis, Geldforderungen an die schwedische Krone mit beschlagnahmten Gütern abzugelten, dahingehend, dass ihm Schloss und Dorf Grüningen verliehen wurden.

---

[96]Württemberg war dem sogenannte Leipziger Bund, ein Bündnis der protestantischen Reichsstände unter Führung Sachsens, beigetreten. Unter anderem stellte man ein Heer auf. Der Kaiser stellte den beteiligten daraufhin ein Ultimatum, das sämtliche Truppen zu entlassen wären. Er konnte dies durchsetzen, da Fürstenberg mit einer kampferprobten Armee aus Italien in Süddeutschland einrückte und Württemberg klein bei geben musste. Das hieß man sämtliche Truppen entlassen musste und darüber hinaus mussten zwölf kaiserliche Kompanien im Land unterhalten werden.

Bis zur Nördlinger Schlacht war Offenburg dann permanent unterwegs und organisierte den Nachschub für die Armee. Dabei stand er ständig im Kontakt zu Feldmarschall Horn, dem schwedischen Kanzler Oxenstierna und Herzog Eberhard von Württemberg, bei dem er darüber hinaus weiterhin als Kriegskommissar fungierte. Resultierend aus diesen drei Ämtern ist ein umfangreicher Briefwechsel erhalten.

Um diese Aufgaben zu bewältigen standen ihm neben mehreren Gehilfen weitere Kriegskommissare zu Verfügung. Für Botengänge nutzte er die Württembergische Metzgerkompanie. Zustatten kam ihm dabei, dass Württemberg die Schweden weitgehend unterstützte und er hier mit weiterer Unterstützung rechnen konnte. Aufschlussreich ist dabei ein Protokoll, das von den Württembergern geführt wurde und heute im Hauptstaatsarchiv Stuttgart liegt. Offenburg hielt sich zu der Zeit, wenn er nicht gerade bei der Armee war, vor allem in Ulm und Biberach auf. In der Zeit des Feldlagers auf dem Breitwang pendelte[97] er zwischen den Städten Göppingen, Bopfingen und Schorndorf. Noch im vorgerückten Alter von 53 Jahren führte er ein *„unstetes"* Leben und verbrachte, während seiner ihm anvertrauten Aufgaben, die meiste Zeit im Sattel seines Pferdes. Ob er bei der Schlacht bei der Armee war, ist nicht bekannt. Sicher ist, dass er zusammen mit Herzog Bernhard von Weimar und dem Rheingrafen am 10. September die württembergische Festung Hohenasperg bei Ludwigsburg inspizierte. Von Hohenasperg führte ihn sein Weg weiter nach Heilbronn, von wo aus er für Herzog Eberhard am 12. September, zusammen mit anderen württembergischen Offizieren, einen Bericht verfasste. Von Heilbronn zog er mit den Resten der schwedischen Armee nach Frankfurt. Auf dem Bundeskonvent, im Dezember, wurde er wieder zum Generalkommissar für die Armee bestellt, die durch den Heilbronner Bund aufgestellt werden sollte. Beim letzten Konvent des Bundes, im März 1635 im Worms, trat er nochmals auf. Mit dem sang- und klanglosen Ende des Bundes im gleichen Jahr ging auch Offenburgs Karriere als Kriegskommissar zu Ende. Sein anderer Dienstherr, Herzog Eberhard von Württemberg, saß in Straßburg im Exil. Seine eigenen Güter waren inzwischen von den Kaiserlichen beschlagnahmt und die schwedische Schenkung verloren. Kaum ein Jahr später starb Hans Heinrich von Offenburg als letzter seines Geschlechts.[98]

---

[97]Siehe auch Kapitel *„Botengänger und Metzgerpost"*
[98]Seine Nachkommen erhielten enteignete Güter im Jahr 1653 von Kaiser Ferdinand III zurück.

Von Armee und Feldlager

Die „Söldner"

Die in den Armeen des dreißigjährigen Krieges dienenden Soldaten stammten aus den unterschiedlichsten Bevölkerungsschichten. Es fanden sich Adelige, Stadtbürger und Bauern, Menschen aus ganz Europa. Das Leben als Soldat bot gegenüber dem Leben als Bürger oder Bauersmann Freiheiten und Aufstiegsmöglichkeiten[99]. Im Verlauf der Krieges verstanden die Söldner ihr Tun immer mehr als ausgeübtes Handwerk, welches sie für den jeweiligen Kriegsherrn ausübten. Es war nicht ungewöhnlich, dass ein Söldner die Seite, auf der er kämpfte, wechselte. Manchmal auch unfreiwillig. Nach verlorenen Schlachten oder Belagerungen wurden beispielsweise die Offiziere gegen ein Lösegeld wieder auf freien Fuss gesetzt oder ausgetauscht. Der gemeine Mann hingegen wurde zwangsweise in die Truppen des Siegers integriert. Auf Feldzügen wurden die Soldaten von ihren Frauen und Familien begleitet, welche mit ihrem gesamten Hausrat ins Feld zogen. So auch der Söldner Peter Hagendorf[100]. In einem Tagebuch schilderte er seine Kriegserlebnisse. Ab dem Jahr 1625 zog er Kreuz und Quer durch Deutschland und ins benachbarte Ausland. Dabei legte er eine Gesamtstrecke von über 20000 km zurück. Im Laufe der Jahre heiratete er zweimal und hatte mehrere Kinder, von denen jedoch nur ein Sohn überlebte. Peter Hagendorf diente die meiste Zeit auf bayerischer Seite. Im Jahr 1634 wurde er jedoch bei den Schweden „untergestellt"[101] und war Teilnehmer an der Schlacht bei Nördlingen.

---

[99]Beispielsweise Johann von Werth, der durch seine Kriegsdienste vom einfachen Bauernsohn bis zum Reichsgrafen aufstieg.

[100]Das Tagebuch des Peter Hagendorf wurde 1993 in der Preußischen Staatsbibliothek Berlin von Dr. Jan Peters wiederentdeckt. Der Name des Tagebuchschreibers konnte über Hinweise im Aufschrieb ausfindig gemacht werden. So kam eine seiner Töchter im Ort Papenheim zur Welt. Im dortigen Geburtenregister werden er und seine Frau namentlich genannt. Hagendorf durchzog mehrfach das Ries und lag auch im Jahr 1644/45 in Nördlingen im Quartier bei „Jörg Geisslerbeck" vor dem Berger Tor. Dieses Haus ist heute noch erhalten.

[101]Gleichbedeutend mit Zwangsrekrutiert

Mit den Schweden lagerte er bei Bopfingen. *„...auff alle (Aalen), auff bop-*
pingen, 2 stundt von nörlingen, das haben die keiserissen belegert vndt
stargk beschossen, Alhir sindt wir gelehgen 14 tage bei bobpingen auff
dem bergk, vndt haben auff volg gewartet..." *(JP; S. 59)*. Nach der
Schlacht bei Nördlingen wechselte er wieder in bayerische Dienste, nahm
an weiteren Kriegszügen teil und erlebte den Friedensschluss im Jahre
1648 in Memmingen. Letztlich wurde er *„abgedankt"* und zog mitsamt
seiner Familie in ein bislang ungeklärtes Schicksal.

Begriff „Schweden" oder „schwedische Armee"
und deren
Zusammensetzung

Zu Beginn der schwedischen Kriegsphase bestanden die schwedischen
Truppen mehrheitlich aus Nationalschweden und Finnen, was sich jedoch
im weiteren Kriegsverlauf änderte.
Wird von *„Schweden"* oder der *„schwedischen Armee"* gesprochen, so sei
erwähnt, dass es sich im Jahr 1634 nicht mehr um eine rein nationalschwe-
dische Armee handelte. Die vereinigte Armee Herzog Bernhards von
Sachsen - Weimar und des Feldmarschalls Gustaf Horn bestand aus einem
„Nationalitätengemenge". Die Armee setzte sich zum größten Teil aus
Söldnern zusammen, die in Gebieten des Deutschen Reiches angeworben
wurden, also Deutschen. Die anderen Teile aus schwedischen, finnischen
und schottischen Söldnern. Die bei Bopfingen lagernde Armee bestand aus
unterschiedlichen Truppenkontingenten[102]. Unter diesen befand sich auch
der im Herzogtum Württemberg zur Landesverteidigung ausgehobene
Ausschuss. Um den Sachverhalt zu vereinfachen wird im Folgenden der
Begriff *„Schweden"* verwendet.

---

[102]Siehe auch Anhang *„Der Weg nach Bopfingen" ff.*

Die Infanterie

Zur Infanterie zählten die Musketiere. Diese waren mit einer Lunten-schlossmuskete, die ca. 5kg wog und einer Länge von ca.1,5m besaß, aus-gestattet. Die Schussweite einer solchen Waffe betrug ca. 250 bis 300m. Auf eine Entfernung von 40 Metern konnte das Geschoss den Panzer eines Pikeniers durchschlagen. Als Ausrüstung trug der Musketier an einem Leibgurt zwölf Pulvermaße, die sogenannten Apostel. Dazu weitere Aus-rüstungsgegenstände wie Kugelbeutel, Lunten und Reinigungsmittel für die Muskete. Der Musketier besaß einen Degen für den Nahkampf. Für den Gebrauch der Muskete war eine Fourket / Auflagegabel nötig.

Während des Kriegsverlaufs wurde immer mehr Wert auf den Einsatz leichterer Musketen gelegt, sodass der Gebrauch der Fourket entfiel.

Abbildung 13: Bildausschnitt Musketiere beim Aufmarsch aus Merian, Matthaeus d. Ä.: Schlacht bei Rain am Lech aus: Theatrum Europaeum, Band II, 3. Aufl., Frankfurt am Main: M. Merian, 1646. Exemplar der Universitätsbibliothek Augsburg, Sign.02/IV.13.2.26-2

Der Lade- und Schussvorgang ist in verschiedenen Büchern von zeitge-
nössischen Schriftstellern[103] wie Lavater, Wallhausen, Dillich und Troupitz beschrieben. Weiterer Bestandteil der Infanterie waren die Pikeniere.
Diese waren mit einer 4 bis 5m langen Pike ausgestattet. Zum Schutz trug
der Pikenier einen Helm und ein Bruststück mit angesetzten Beintaschen.
Für den Nahkampf war der Pikenier ebenfalls mit einem Degen bewaffnet.
Die Handhabung der Pike ist ebenfalls in den genannten militärhistori-
schen Schriften dargestellt. Diese Truppengattung wurde im Verbund mit
Musketieren eingesetzt und diente meist zu Abwehr angreifender Reiter-
formationen.

Die Kavallerie

Abbildung 14: Kavallerie, Bildausschnitt:
"Wahre Delineation der Schwedischen Schanzen...bey Rheinau...1638"

---

[103]Militärhistorische Schriftwerke: Hans Conrad Lavater, Stadthauptmann in Zürich veröffentlichte im Jahr
1644 sein *„Kriegsbüchlein"*. Wohl bekanntester Militärschriftsteller seiner Zeit war Johann Jacobi von
Wallhausen, der die *Kriegskunst zu Fuß und zu Pferd, Defensio Patriae* usw. veröffentlichte. Wilhelm
Dillich schrieb seine *„Kriegsschule"* im Jahr 1647. Im Jahr 1638 erschien das Werk *„Kriegskunst nach
Königlich Schwedischer Manier"* von Laurentz Troupitzen. Zu den genannten Schriftstellern zählt auch
Jacob de Gheyn.

Zur Kavallerie wurden verschieden ausgerüstete Einheiten gezählt. Die Kürassiere waren schwer gepanzerte Reiter, die mit Radschlosspistolen und einem Reitschwert bewaffnet waren. In den ersten Kriegsjahren waren die Kürassiere noch mit Lanzen bewaffnet. Die Arkebusiere waren leichte Reiter, die durch einen Brust- und Rückenpanzer geschützt waren. Sie trugen meist eine Arkebuse *(leichte Luntenmuskete)* oder Radschlosswaffen mitsamt Degen oder Reitschwert in den Kampf. Eine Besonderheit bildeten die Dragoner, welche zur Infanterie gezählt wurden. Ihre Ausrüstung glich denen der Musketiere. Im Kampf saß der Dragoner von seinem Pferd ab und kämpfte zu Fuß. Diese Truppengattung wurde beispielsweise auf dem Marsch einer Armee zur Seitenbedeckung eingesetzt. Schwedische Dragoner führten oftmals ein Beil mit sich, um Hindernisse zu beseitigen. Gerne wurde diese zahlenmäßig schwächste Waffengattung auch zur Begleitung des Konvois eingesetzt.

Die Artillerie

Abbildung 15: Einfall in die Veluwe, Der Holländer Anzug Wider ihre Feindt, ANNO 1624. Bildausschnitt Artillerie beim Aufmarsch aus Theatrum Europaeum, Band I, 3. Aufl., Frankfurt am Main: M. Merian, 1662. - Exemplar der Universitätsbibliothek Augsburg, Sign.02/IV.13.2.26-1

Die Artillerie setzte sich aus unterschiedlichen Kanonen, den *„Stücken"*[104], der dazugehörenden Mannschaft, Bedienausrüstung, Pulver- und Transportwägen zusammen. Leichtere Kanonen wurden mitsamt ihrer Lafette mittels eines Pferdegespanns gezogen.

Größere Geschütze hingegen wurden auf einem separaten Wagen transportiert und erst am Einsatzort auf die entsprechende Lafette gehoben. Die Schweden führten u.a. *„halbe Kartaunen"* mit einer Rohrlänge von ca. 3,4m und einem Kaliber von 15cm ins Feld. Dieses Geschütz schoss 24 Pfund Eisen. Die Artillerie war und blieb von ihrer Gesamtstärke die Kleinste der Waffengattungen in den Armeen des Dreißigjährigen Krieges aber nichts desto trotz nahm ihre Bedeutung im Kriegsverlauf erheblich zu. Dies war vor allem auf Innovationen der Schweden zurückzuführen. Bis dahin hatten die Armeen meist nur wenige große Kanonen mit sich geführt, die vor der Infanterie aufgestellt wurden und mit ihrem Feuer eine Schlacht eröffneten. Zwar forderten die erstem Treffer zahlreiche Opfer in den Reihen eines Gegners, aber aufgrund der langsamen Schussfolge und mangelnder Beweglichkeit wurden die Kanonen entweder schnell vom Feind erobert, oder sie standen hinter den eigenen Reihen und konnten so nur noch bedingt eingesetzt werden.

Die Schweden vermehrten vor allem die leichte Artillerie und gaben auf jedes Regiment zwei sogenannte Regimentsstücke. Zur Zeit der Nördlinger Schlacht handelt es sich dabei um dreipfündige Kanonen die von 2-3 Mann bedient und bewegt werden konnten. Hierdurch wurde es möglich alle Bewegungen der Regimenter bzw. Brigaden mitzumachen, was auch daran lag, dass die Schweden ihr Artilleriematerial so weit verbessert hatten, dass ihre Kanonen beispielsweise erheblich leichter geworden waren. Dazu reduzierten sie die Anzahl der Geschütztypen und führten einheitliche Größen ein. Bis zu diesem Zeitpunkt fanden viele verschiedene Kaliber und Rohrlängen Verwendung. Diese Änderungen führten außerdem dazu, dass die seither gebräuchlichen Bezeichnungen der Geschütze, wie Falkonett und Feldschlange außer Gebrauch kamen und die Kanonen nach ihrem Kaliber oder dem Gewicht der Vollkugel bezeichnet wurden. Die Artillerie wurde zudem bei Belagerungen befestiger Städte, Festungen und Erdschanzen eingesetzt. Hierbei sollten die Kanonen, Mauern und Wälle zum Einsturz bringen, sowie die Artillerie der Belagerten ausschalten.

---

[104]Zur damaligen Zeit wurden Kanonen und Geschütze als *„Stück"* bezeichnet.

Mit Granaten und Brandbomben wurden „*weiche*" Ziele wie Häuser und Mühlen beschossen. Beim Einsatz der Artillerie wurde ein immenser Aufwand betrieben. Es mussten Batterien gebaut und die Kanonen in Stellung gebracht werden. Aufgrund der unterschiedlichen Einsatzmöglichkeiten wurde die Artillerie in eine Feld- und Belagerungsartillerie aufgeteilt. Dabei bestand die Feldartillerie aus Kanonen mit einem Kaliber von bis zu 12 Pfund, die ständig bei der Armee mitgeführt wurden. Zur Belagerungsartillerie gehörten neben großen Kanonen auch Steilfeuergeschütze wie Mörser und Haubitzen. Aufgrund ihres Gewichts und des umfangreichen Zubehörs erforderte der Transport solcher Geschütze einen enormen Aufwand. Resultierend daraus wurden diese vermehrt in Festungen eingelagert und bei Bedarf angefordert. Neben den Kanonen und Pulverwagen musste noch umfangreiches Material transportiert werden. Dies waren im einzelnen, Feldschmieden, Winden, Flaschenzüge und Belagerungsmaterial sowie teilweise auch eine Schiffsbrücke.

Die dargestellten Einheiten stellen den „*Idealfall*" an Ausstattung dar. Die Realität hatte sicherlich ein anderes Gesicht. Eine Uniformierung der Armee war in Ansätzen vorhanden und war sicherlich auch von den vorhandenen, lieferbaren Materialien und dem Geld des jeweiligen Heerführers abhängig. Im Laufe des Krieges änderte sich der Einsatzschwerpunkt der einzelnen Truppengattungen. Zum Beispiel ging die Zahl von Pikenieren zu Gunsten eines erhöhten Einsatzes von Musketieren zurück. Die Zahl der leichten Reiterei erhöhte sich, wobei die Anzahl der Kürassiere rückläufig war. Dies lag zum Einen an einer sich wandelnden Kriegsführung, zum Anderen an dem sich verteuernden und erschwerten Nachschub an Ausrüstungsgegenständen.

Der Tross

Einer Armee des dreißigjährigen Krieges war der Tross oder die sogenannte Bagage „*angehängt*". Diese setzte sich aus dem gesamten Fuhrpark der Händler, Marketender und Handwerker zusammen. Hier fanden sich Frauen, Kinder, Diener, Mägde und Knechte der im Heer dienenden Soldaten. Für die Armee war der Tross unentbehrlich. Vor allem die Soldatenfrauen nahmen dabei eine wichtige Rolle ein. Idealerweise war ein Söldner verheiratet.

Hierbei war dessen Frau für die Versorgung mit Lebensmitteln zuständig. Diese führte den *„Haushalt"* im Lager. Sie war auch für den Transport der gesamten Habe zuständig. Da es von Seiten der Armee keine medizinische Versorgung gab, sorgten die Ehefrauen für ihre verwundeten oder erkrankten Männer. Eine vollwertige medizinische Versorgung war nur sporadisch über Bader und Wundärzte[105] geregelt, die ebenfalls im Tross mitzogen. Die oftmals vorkommende *„Zweckgemeinschaft"* einer Soldatenehe bot der Frau zugleich einen gewissen Schutz. Dieser sollte auch im Feldlager durch den Artikelbrief geregelt werden. So lesen wir in dem Jahr 1632 stammenden Artikelbrief[106] unter: *Titulus XV: Von Nothzucht und Hurerey*

§ 69: *„Welcher einige Weibs Person alt oder jung nothzüchtiget / stupiriret oder schändet / oder auch mit gewaltsamen Streichen un Schlägen überfället und nothdrenget / es sey in Freunds oder Feinds Landen / und dessen überwiesen würde / der soll am Leben unnachlässig gestrafft werden." (SKR; S.29)*

§ 70: *„Keine Huren sollen im Lager oder Garnisonen geduldet werden / da aber einer wäre / der die seinige bei sich zu halten gemeinet / der soll sie ihme ehrlich trawen lassen / wie denn sonsten einem jeden frey stehen soll / sein ehrlich Weib bey sich zu haben." (SKR; S.29)*

Nach § 70 sollte zudem verhindert werden, dass sich der Tross ins unendliche vermehrte und somit die Versorgungslage noch weiter erschwert wurde. Trotz solcher Maßnahmen war es wohl kaum möglich, den Tross in seiner Größe zu begrenzen. Durch die Vielzahl der Menschen wurde das oftmals auftretende Versorgungsproblem mit Lebensmitteln verstärkt. So ist uns vorstellbar, wie eine Menge an *„Eheweibern"* und *„Trossbuben"* durch die Bopfinger Gegend streifte, und der bereits *„ausgesogenen"* Bevölkerung des Umlandes vollends das letzte Hemd und Nahrung abnahm. In Begleitung des bereits erwähnten Söldners, Peter Hagendorf, befand sich ein Trossjunge mit Namen *„Bartelt"*. Dieser zog mit Hagendorf und der schwedischen Armee auf den Breitwang.

---

[105]Siehe auch Kapitel *„Die hygienischen Bedingungen im Lager"*
[106]Die Söldner wurden auf den sogenannten Artikelbrief eingeschworen. Dieser lag in gedruckter Form vor und wurde u.a. im Jahr 1632 unter dem Titel *„Schwedisches–Kriegs oder Articuls Brieff..."* (SKR) herausgegeben.

Ein Einzelner wäre kaum in der Lage gewesen, sein ganzes Hab und Gut mit ins Feld zu nehmen. Ein Soldat hätte ständig seine Ausrüstung, Waffen, Kleidung usw. mit sich führen müssen. Dazu kam die tägliche Versorgung mit Lebensmitteln ebenso, wie seinen militärischen Pflichten nachzukommen, dem Drill und auf Wache zu stehen. Wer achtete auf sein Eigentum, wenn er auf Wache lag? Um das Eigentum zu schützen war es nicht unüblich, dass ein Soldat einen *„Trossbuben"* wie Hagendorf bei sich hatte. Einen umfassenden Schutz gegen Diebstahl bot dies natürlich nicht. Selbst innerhalb der eigenen Reihen war das Eigentum des Einzelnen nicht sicher. Peter Hagendorfs *„Junge"* der ihm in dieser Zeit zur Seite stand, wurde auf dem Weg von Aalen nach Bopfingen ausgeraubt. *„...vunter // wehgens Ist mir mein Iung krang zurug zu alle (Aalen) verblieben, wie er wieder gesundt Ist, vndt wil zu mir hat man ihm alles genomen, den er hat all (?) mein weiszeug, welches ich zu lanshut, bekommen habe, bei Ihn (?) gehabt, vndt ist in der Nacht wie wier haben schlagen wollen, weil wir alle in bereitschafft stehen musten, gestollen worden, samb dem pasbordten, vndt alles was Ich hate, Also war alle Meine beudte wieder hin, sambt meine pasborten, die mir am alder liebsten wehren gewessen, Aber es war hin..." (JP S. 59)*

Abbildung 16: Schwedische Bagage, Bildausschnitt
"Delineation des harten Treffens...bey Wittenweyer...ao 1638"

Die Zahl der Angehörigen des Trosses überstieg die Anzahl der zur Armee gehörenden Soldaten bei weitem. Beispielsweise führte im April des Jahres 1634 das schwedische blaue Fußregiment bei seinem Einmarsch in Nördlingen, 980 Mann plus Offiziere mit sich.

Insgesamt sollen es über 3000 Personen gewesen sein. Folglich gehörten nur ca. 1/3 der Personen zur *„kämpfenden Truppe"*. Geht man davon aus, dass die schwedische Armee auf dem Breitwang ca. 20000 Söldner umfasste und der Tross in ähnlichem Personenverhältnis stand, so kann von einer Anzahl von 60000 Menschen ausgegangen werden, die sich zu jener Zeit auf dem Breitwang aufhielten. Der Tross stand unter den Kriegsartikeln. Marketender waren beispielsweise verpflichtet, Personen, die sie beherbergten oder mit sich führten, bei einem für sie zuständigen Offizier *„anzumelden"*. Die zum Tross gehörenden Frauen und Kinder wurden für Säuberungs- und Schanz- und Befestigungsarbeiten herangezogen. Die allgemeine Befehlsgewalt über diesen *„Haufen"* lag bei einem Tross- oder Hurenweibel. Meist ein altgedienter, durch eine vorangegangene Verwundung nicht mehr kampftauglicher Soldat.

Feld- und Erkennungszeichen

Aufgrund der fehlenden Uniformierung unterschieden sich die Truppen an ihrem Schlachtruf und den Feldzeichen, die sie am Körper trugen. Nach Oskar Fraas[107] lautete der schwedische Schlachtruf bei Nördlingen: *„Immanuel! Gott mit uns!"* (OF S. 34). Ein Feldzeichen ist nicht bekannt, wohl aber für andere Schlachten, so zum Beispiel für Lützen. Dort galt für die schwedischen Truppen jede Farbe außer Rot. Dies wurde bereits 1632 im schwedischen Kriegsrecht nach § 62 festgelegt.

§ 62: *„Wie dann auch zu dem Ende in unser Armee <u>kein roth</u> / als von des Feindes Farb und Liberey Feldtzeichen / von den Offizirern und Soldaten getragen oder gebraucht werden..."* (SKR; S. 24)

Rot ist teilweise für die kaiserlichen Truppen überliefert. Für die kaiserliche Seite lautete in Nördlingen der Schlachtruf, nach der bei Rystad[108] gedruckten Relation: *„Viva Sancta Maria!"* (GR S. 263).

---

[107]Oscar Fraas, Professor am Königlichen Naturalien Cabinet in Stuttgart. Im Jahr 1869 veröffentlichte er das Büchlein *„Die Nördlinger Schlacht am 27. August 1634"*

Für die erste Schlacht bei Breitenfeld sind für die schwedische Armee grüne Zweige an der Kopfbedeckung überliefert. Gängig waren auch Strohoder grüne Stoffbänder, die um den Oberarm gewickelt wurden. Aufgrund des hohen Anschaffungspreises war es lediglich den Offizieren möglich, eine seidene, farbige Schärpe zu tragen.

Das weithin sichtbare Kennzeichen des jeweiligen Truppenverbandes war jedoch die Regiments- oder Kompaniefahne. Die Söldner leisteten beispielsweise den Eid auf die Fahne unter der sie dienten. An der Fahne fanden die Söldner im Kampfgetümmel einer Schlacht ebenfalls Orientierung. Der Fähnrich, dem das Feldzeichen anvertraut war, musste besondere Eigenschaften besitzen. Er sollte das Fahnentuch kunstvoll schwingen können und dazu ein ausgesprochen guter Soldat sein, der die ihm anvertraute Fahne bis zum Letzten verteidigte. Die Fahnen dieser Zeit waren teils reich bestickt und mit „*Sinnsprüchen*" versehen wie das nachfolgende Beispiel der Leibregimentsfahne des Philipp von Liebenstein zeigt. „*Sol Iustitia*" oder die „*Sonne der Gerechtigkeit*" erleuchte uns. Die Fahnen der württembergischen Miliz waren mit dem jeweiligen Herkunftsort und dem Spruch „*Pro Patriae*", also „*Für das Vaterland*" gekennzeichnet.

Abbildung 17: Leibregimentsfahne aus dem Jahr 1630, des an der Schlacht bei Nördlingen teilnehmenden Obristen Philipp von Liebenstein. Nach einer Vorlage des Kriegsarchiv Stockholm

---

[108]Göran Rystad veröffentlichte im Jahr 1960 sein wissenschaftliches Werk „*Kriegsnachrichten und Propaganda während des dreißigjährigen Krieges, Die Schlacht bei Nördlingen in den gleichzeitig gedruckten Kriegsberichten*". Darinnen enthalten die Relation: „*Gründlicher und Ausführlicher Bericht von der Schlacht vor Nördlingen*".

Von Quartier und Lager

Die Heerhaufen des dreißigjährigen Krieges zogen im Laufe der Kriegs-
jahre kreuz und quer durch Deutschland. Zum Einen, um ins Feindesland
vorzurücken und zum Anderen, den Feind von Nachschubwegen abzu-
schneiden. Zur Winterzeit fanden in der Regel keine Kampfhandlungen
statt und die Truppen wurden in einem möglichst noch unversehrten Land-
strich einquartiert. Dort waren die jeweiligen Quartiergeber *„gezwungen"*
ihre *„Gäste"* zu bewirten und Obdach zu gewähren.

Der Söldner Hagendorf gibt in seinem Tagebuch mehrfach darüber Auskunft, wer seine Quartiergeber waren. Beispielsweise im November 1646.
Damals wurde Hagendorf in Nördlingen einquartiert. *„...den 6 (Novem-*
ber) gezogen auff nörlingen, Alda Ist vnser // Regemendt gelehgen In qar-
tier, da habe ich mein qartier, bekommen, bei Iurg geislerbegk (Jörg
Geisslerbeck), am berger tohr, das gansse Regemendt, Ist in nörlingen ge-
lehgen dessen 1646 gars..." (JP; S. 118)

Im Sommer hingegen zogen die Heere ins Feld. Somit war es unumgäng-
lich die Armee in einem Feldlager einzuquartieren. Dies geschah nicht in
einem zügellosen Verfahren, sondern das Lagern und der Bezug der einzelnen Lagerstatt war streng geregelt. Dies wurde auch in den entsprechenden Kriegsbüchern niedergeschrieben.

Die Wahl des Lagerplatzes oblag dem Generalquartiermeister einer Armee. Diesem untergeordnet die entsprechenden Regimentsquartiermeister
und diesen untergeordnet die Fouriere mit den beigeordneten Fourierschützen. Diese waren beritten und mit Musketen bewaffnet. Der Aufgabenbe-
reich dieser Fourierschützen bestand nach Wallhausen in Aufklärungsar-
beit und Kundschafterdiensten.

Von der „Gelegenheit" des Ortes

Bei der Wahl des Lagerplatzes waren wichtige Kriterien zu beachten. Es wurde darauf geachtet, dass der Platz ausreichend mit Wasser versorgt war und eine günstige Anbindung an Transportwege bestand, damit eine stete Versorgung mit Nachschub gewährleistet war. Dabei musste beachtet werden, dass diese Wege möglichst sicher waren und das zu versorgende Hinterland mit genügend Ressourcen versehen war.

Die Bedingungen des Geländes wurden mit in die Wahl des Platzes einbezogen. Geachtet wurde auf die Form und Beschaffenheit des Geländes und die Vegetation der Umgebung. Das Gelände spielte dahingehend eine wichtige Rolle als dass Hügel, Berge, Täler und Senken mit ins Lager integriert und für die Lagernden zum strategischen Vorteil eingesetzt werden konnten. Wälder lieferten das entsprechende Bau- und auch Schanzmaterial zum Aufbau der einzelnen Lagerstätten und Schanzbauten.

Der Breitwang bei Bopfingen lieferte in diesem Fall alle jene Punkte, die für den Aufbau des schwedischen Feldlagers optimal waren. Die weite Ebene des Hochplateau bot der Armee einen bequemen Platz zum Lagern. Zwei Wasserstellen stellten eine ausreichende Versorgung mit Wasser sicher. Die Wälder in unmittelbarer Nähe des Lagers lieferten genug Holz für die Hütten und für die Wachtfeuer.

Den größten Pluspunkt stellte aber die Lage dar. An drei Seiten *(wenn man den Sandberg mit zum Lager zählte)* von steilen Hängen umgeben, war der Breitwang sozusagen hier von Natur schon *„sturmfrei"* und daher war es nicht nötig, größere Befestigungen anzulegen, um vor Angriffen der Kaiserlichen geschützt zu sein. Um so wichtiger war es hingegen, das Lager nach Süden zu sichern. Oberhalb des Weilers Hohenberg zieht sich eine Höhe von Ost nach West, die 25 Meter höher als der Breitwang liegt. Hätte ein anrückender Feind diese Höhe besetzt, so wäre es diesem von dort aus möglich gewesen, in das Lager zu schießen. Das Gelände im Vorfeld eignet sich hervorragend für einen massiven Angriff. Sozusagen ist diese Höhe das Gegenstück zum Albuch, der das Kaiserliche Lager bei Nördlingen beherrschte. In den Beschreibungen ist deshalb davon die Rede, dass bei Hohenberg Schanzen[109] angelegt worden sind. Diese dürften auf diesem Höhenzug gelegen sein, der gleichzeitig hier die schmalste Stelle der Hochebene ist.

---

[109]Siehe auch Kapitel *„Die Bauten im Feldager"*

Bedingt durch die Lage, hatte man darüber hinaus vom Breitwang eine hervorragende Sicht auf Nördlingen und das Ries. Hier stand man sozusagen *„Auge in Auge"* mit dem Feind, dessen Lager man von hier aus sah. Vom benachbarten Sandberg hatten die Schweden eine hervorragende Rundumsicht auf die ganze Region. Von hier aus war es möglich, die Bewegungen der Kaiserlichen gut zu beobachten und stand darüber hinaus in Sichtkontakt mit der belagerten Stadt Nördlingen. Ein weiterer Pluspunkt war die Stadtbefestigung Bopfingens. Die Stadt deckte das Lager von Norden her und blockierte die Straße nach Württemberg. Darüber hinaus konnten die Schweden auf die Infrastruktur der Stadt zugreifen. Sicherlich spielte auch der Umstand, dass Bopfingen am Schnittpunkt zweier überregionaler Straßen lag, eine erhebliche Rolle welche zum Entschluss der Schweden führte, das Lager auf dem Breitwang zu beziehen. Auf der Straße vom Remstal her, die von Frankreich ins Altmühltal führte, kam der Nachschub aus Württemberg und auch die Verstärkungen aus ganz Süddeutschland. Dagegen konnte man auf der Straße, die über Würzburg, Dinkelsbühl und Ulm bis nach Oberitalien führte, schnell an die Donau oder nach Franken gelangen. Daher konnten die Schweden schnell auf jede Bewegung der Kaiserlichen reagieren.

Die „Plätze" im Feldlager

Die Aufteilung der Quartiere war ebenfalls geregelt und erfolgte nach einem vorbestimmten Muster. Dabei musste berücksichtigt werden, dass im Lager verschiedene *„Funktionsplätze"* zur Verfügung gestellt wurden.
Einer der wichtigsten Plätze für die Armee war wohl der Proviantplatz. Dort wurde der angelieferte Nachschub verwahrt und entsprechend dem militärischen Rang *„von oben nach unten"* aufgeteilt. Nach militärischen Verordnungen, sogenannten Ordonanzen, war geregelt, wer welche Ration zu bekommen hatte. Theoretisch war somit die Versorgung der Soldaten mit Lebensmitteln geregelt. Ein Proviantmeister regelte die Versorgung der Soldaten mit Lebensmitteln von Seiten der Armee. Da aber oftmals Mangel herrschte, musste sich der gemeine Soldat, der auch seine Familie mit ins Feld geführt hatte, über einen allgemeinen Lagermarkt versorgen. Nicht weit vom Proviantplatz lagerten die Krämer und Marketender in deren unmittelbarer Umgebung sich auch der Lagermarkt befand.

Hier konnte der gemeine Mann alles was er und die Seinigen für das tägliche Leben im Feld benötigten finden. Hausrat, Kleidung und Ausrüstung wurden hier angeboten. Zumeist stammten die angebotenen Waren aus der Umgebung, die durch „*Auslaufen*"[110] ausgeplündert wurde. Krämer und Marketender, die ihre Waren im Feldlager anboten, standen ebenfalls unter den Kriegsartikeln. Die Aufsicht über diese führte der Profoß[111]. Er legte Preise und Steuern für die angebotenen Waren fest und hatte dafür zu sorgen, dass diese nicht überteuert verkauft wurden. Nach den Bestimmungen der Kriegsartikel gehörte dem Profoß von jedem geschlachteten Rind die Zunge. Dem Auditor[112] der Armee oblag die Aufgabe, die Arbeit des Profoß zu beobachten, ob er z.B. mit den Marketendern Preisabsprachen führte oder bestechlich sei.

In einer der im Lager zahlreich vorhandenen Schänken konnte sich ein Soldat verköstigen und fand auch hier und da Trost bei einer Lagerdirne. Nach schwedischem Kriegsrecht wurden Lagerdirnen nicht geduldet[113], was jedoch schwer zu unterbinden war.

Der bereits genannte Lagermarkt wurde neben den Krämern und Marketendern auch von Metzgern beliefert. Diesen wurde ein eigens für sie eingerichteter Platz am Rande des Feldlagers eingeräumt. Hier wurde das aus dem Umland stammende Schlachtvieh versammelt und „*verarbeitet*". Da im Lager ein immenser Bedarf an Fleisch herrschte, mussten hier täglich unzählige Tiere geschlachtet worden sein.

Lavater beschreibt, dass ein Platz zur Verrichtung der „*Leibs-nothdurfft*" unweit der Metzger einzurichten sei. Die Kloake sollte eigens von den Steckenknechten[114] mit an Stangen befestigten Strohbüscheln gekennzeichnet werden *(HCL; S.122)*. In Anbetracht der Menschenmasse eines Söldnerheeres ist anzunehmen, dass die hygienischen Zustände[115] katastrophale Ausmaße hatten. Schlachtabfälle, menschliche- und tierische Exkremente müssen in Massen angefallen sein. Da half es wohl kaum, dass „*...auch die Soldaten Sambstag vor der thüren wüschen / oder kehren...*" *(HCL; S.124)* sollten.

---

[110]Als „*Auslaufen*" bezeichnete man das Umherstreifen einzelner Gruppen, die im Umland eines Lagers nach Beute auszogen, was eigentlich verboten war.
[111]Profoß war eine militärische Amt, das die Polizeifunktion inne hatte.
[112]Auditor war die Bezeichnung für einen Richter.
[113]Siehe auch Kapitel „*Der Tross*"
[114]Gehilfen des Profoß
[115]Siehe auch Kapitel „*Die hygienischen Bedingungen im Lager*"

Im Feldlager wurde auf strengste Disziplin geachtet. Weithin sichtbares Zeichen der Militärgerichtsbarkeit war ein Platz für den Feldgalgen der sich bei der Hauptwache befand und für die eigens eine Behausung errichtet wurde. Ein Feldgalgen muss auch auf dem Breitwang bestanden haben. Nach Griesheim wurde ein vermeintlicher Kundschafter der Kaiserlichen aufgehängt[116]. Nach den Kriegsartikeln wurde hierzu sicherlich ein Militärgericht abgehalten. Verhandlungen fanden unter freiem Himmel an einem eigens dafür vorgesehenen Gerichtsplatz statt.

Für die Artillerie, Munitions- und Pulverwagen wurden separate Plätze eingerichtet. Nach Lavater sollten diese mit einem Graben umgeben und bewacht werden. *(HCL S. 122)* Auf dem Breitwang standen beispielsweise die Pulverwägen in einer dafür gebauten Schanzanlage[117].

Einen wichtigen Teil des Lagers nahm der sogenannte *„Lermenplatz"* oder Alarmplatz ein, der um das Lager herumgeführt wurde und genügend Platz bieten musste, dass beispielsweise eine Kompanie im Alaramfall in Formation darin antreten konnte. Nach Lavaters Kriegsbuch sollte sich der *„Lermenplatz"* zwischen den Soldatenquartieren *(Zeltreihen)* und der Lageraußengrenze, beispielsweise einer Schanzanlage, befinden und eine Maß von 200 bis 250 Schuh[118] einnehmen.

Die Bauten im Feldlager

In einem Feldlager nahmen die Quartiere der Befehlshaber einen hohen Stellenwert ein. Diese wurden mit dem größten Platzbedarf, für eine Unterkunft, bedacht und sollten sich möglichst an einem sicheren Ort im Lager befinden. Nach Lavater umfasste das Quartier eines Generals 600 bis 700 Schuh *(HCL, S. 123)*. Den Befehlshabern standen hierbei die besten Quartiere zur Verfügung. Diese verfügten meist über prunkvolle Zelte die mit einer entsprechenden wohnlichen Ausstattung versehen waren. Dazu kamen noch die Unterkünfte für deren *„Hofhaltung"*, ihrer Bediensteten , Kochstellen und Stallungen für die Pferde. Wie solche Unterkünfte aussahen überliefert der Trexelplan[119] aus dem Jahr 1634.

---

[116]Siehe auch Kapitel *„Die „Schweden" lagern auf dem Breitwang"*
[117]Siehe auch Kapitel *„Die Bauten im Feldlager"*
[118]Für ein Schuh (Längenmaß) wurden meistens 12 Zoll = ca. 30cm berechnet. Bei einem Wert von 30cm ergibt sich bei 200 Schuh – 250 Schuh ein Maß von 60 bis 75m Länge des Alarmplatzes.
[119]Trexelplan:1634 fertigten die Gebrüder Trexel aus Nürnberg eine Plan des Wallensteinschen Lagers, das sich von Juli bis September 1632 westlich von Nürnberg bei Zirndorf befunden hatte. Am 3. Sept. schlugen sich die Schweden und Truppen Wallensteins in der Schlacht an der alten Veste.

Wallenstein lagerte im Jahr 1632 bei Zirndorf in der Nähe Nürnbergs. Mit in das Feldlager führte er ein zerlegbares Holzhaus das als seine Unterkunft diente und auf zwei Wägen transportiert werden konnte. Seinen Pferden standen bessere Quartiere zur Verfügung als den gemeinen Soldaten. *(HM2, S.40; vergleichbar mit Abb. 18 oben rechts).*

Abbildung 18: Bauten im Feldlager aus Wilhelm Dillichs Kriegsbuch Band I

Welche Behausungen die schwedischen Feldherren auf dem Breitwang benützten, vermittelt uns abermals Johann Daniel Haak in seiner Collectanea. Er schreibt von *„Gezelten"* und *„kreisförmigen"* Stellen, die auf eine runde Zeltform schließen lassen.

Christoph Heinrich von Griesheim gibt in seinem Bericht über die Art der schwedischen Unterkünfte ebenfalls Auskunft: „*...Under wehrender audientz kombt der Schwedische Weymarische GeneralLeutnant Herr von Hoffkirchen in das Zelt...*"*(BSB; Glückliche Haupt Victoria und wahrhaffte Relation..; Sign. Bavar. 5117 y)*

Es scheint wohl so gewesen zu sein, dass Gustaf Horn und Herzog Bernhard im Feldlager Zelte gebrauchten.

Nach den Aufzeichnungen Haaks lag Feldmarschall Horns Quartier „*gleich zur rechten Hand gegen die Höhe*"*(StANö Chro. Nr. 126; Nr. 127; auch bei OF S.13)*.

Als Haak im Jahr 1685 den Breitwang mit einem Augenzeugen[120] besichtigte, nahm er vermutlich den Weg von Bopfingen über die Steig und gelangte ungefähr am heutigen MSC Gelände auf den Breitwang. Nach seinen Angaben könnte sich Feldmarschall Horns Quartier tatsächlich unterhalb des Sandbergs befunden haben.

Einen sicheren Standort hätte es dort gehabt, da es von der Nordseite durch den Sandberg geschützt, und aus Richtung Bopfingen kaum ein Angriff zu erwarten war. Die Lagerstatt Herzog Bernhards befand sich nach den Angaben Haaks in Richtung Hohenberg. Weiteres wird über seine Unterkunft nicht berichtet.

Den unteren Offiziersrängen standen ebenfalls Zeltbauten zur Verfügung. Vielleicht weniger prunkvoll aber dennoch komfortabler und, entsprechend des Ranges, größer als die Unterkünfte der gemeinen Soldaten im Feldlager. Diese mussten auf einfache Bauten aus Holz, Reisig und Grassoden zurückgreifen. Dies lag wohl auch an den eingeschränkten Transportmöglichkeiten und an den finanziellen Verhältnissen des einzelnen Mannes. Die Soldatenunterkünfte bestanden aus einer einfachen Gestängekonstruktion, die mit Reisig, Grassoden oder Leinentuch bespannt war *(siehe Abb. 18 oben rechts)*. Eine Leinenbespannung war aber aufgrund der Kosten meist Offizieren vorbehalten. Um nicht direkt auf der Erde zu liegen, wurde den Soldaten empfohlen, sich aus Reisig eine Bettstatt zu errichten.

---

[120]Nach Haak, „*Joh. Schmid des Raths zu Bopfingen*". Als Jugendlicher befand sich Schmid im Lager. Offensichtlich musste er dort als Laufbursche für den Generalschmied dienen und diesem täglich Wein bringen *(StANö Chro. Nr. 126; Nr. 127; auch bei OF S.13)*

Wohl auch um Krankheiten, die daraus resultieren konnten, vorzubeugen *(HCL S.124)*. Der Platzanspruch für zwei Soldaten lag bei „*...8 schuh in die breite / und 8 schuh in die länge...*"*(HCL S.123)*

Bei der Kavallerie wurden eigens Unterstände für die Pferde errichtet. Die Reiter lagerten in gleicher Weise wie die gemeinen Soldaten direkt neben den Stallungen ihrer Pferde.

Die Anordnung der Zelte im Lager war ebenfalls geregelt. Diese wurden in parallelen Reihen aufgerichtet *(siehe Abb. 18 oben links und Kupferstich das Feldlager bei Werben S. 91)* und jedem, auch den niedrigen Offizieren, wurde sein fester Platz zugeteilt. Vor den Zeltreihen der gemeinen Soldaten lagerten die Fähnriche, Korporale und Feldscherer.

Dann folgten die Zelte der Soldaten und hinter diesen wurden die Quartiere der Hauptleute angelegt.

Einzelne Regimenter lagerten voneinander getrennt. Die gebräuchlichste Form der Unterkünfte war A-förmig. Die Zelte der höheren Chargen waren zumeist kegelförmig ausgebaut.

Zwischen den Zeltplätzen wurden „*Straßen*" *(Abb. 18 unten links)* angelegt, die zu den Funktionsplätzen und den Ein- Ausgängen des Lagers führten. Der Zutritt zum Lager war streng geregelt. Bei drastischer Strafe war es verboten das Lager an einer anderen Stelle als dem offiziellen Zugang zu betreten oder zu verlassen. *(§71-73; „Schwedisches – Kriegs oder Articuls Brieff...)*. An den Lagerzugängen befanden sich Wachhäuschen und Schranken zur Sperrung des Zugangs.

Im Gegensatz zur oft vorherrschenden Meinung, dass in einem Feldlager beim Aufbau der Lagerstätten ein zügellosen Treiben treiben herrschte, ergibt die genaue Betrachtung des Aufbaus und der vorgegebenen Logistik, ein anderes Bild. Die Soldaten mussten sich mit den ihnen zugewiesenen Unterkünften und Lagerstätten bei Strafe begnügen. Die Lagerplätze wurden nach einen vorbestimmten Muster in Rechtecken angelegt. Die Größe der Unterkünfte war vom gemeinen Soldaten bis hin zum General vorgegeben. Ohne diese Vorgaben und strenge Disziplin wäre es nicht möglich gewesen die Lagergesellschaft „*im Zaum*" zu halten.

Zu den Bauten eines Feldlagers zählten auch Schutzwälle und Schanzanlagen, die um ein Lager herumgeführt wurden, oder als einzelne, vorgeschobene Posten angelegt waren. Vorgeschobene Posten dienten beispielsweise zur Sicherung strategisch wichtiger Örtlichkeiten und der Sicherung der Zufahrtswege und Straßen, die zum Feldlager führten.

Hierzu wurden meist geschlossene Schanzwerke in einer rechteckigen[121] oder sternförmigen Form errichtet. Auf dem Breitwang muss eine geschlossene Anlage bestanden haben. Nach den Überlieferungen Haaks lag diese:*„...gegen Hohenberg zu, kurz ehe die Aecker anfangen Herzog Bernhards Zelt. Ueber das ist auch zur Rechten die Schanz zu sehen, worinnen die Artollerie, item Muniton- oder so genannte blaue Wägen gestanden..."* (StANö Chro. Nr. 126) Der zum Lager gehörende Schanzbau könnte auf der strategisch wichtigen Höhe südlich von Hohenberg gelegen haben. Welche Form diese hatte, ist nicht überliefert. Belegt ist jedoch, dass von schwedischer Seite geplant war, das Lager auf dem Breitwang weiter zu befestigen.[122] Zur Sicherung wurden Feldlager oftmals mit einer Wallanlage umschanzt.[123] Eine solche Anlage wurde mit den in der Gegend zur Verfügung stehenden Materialien gefertigt. Eine Schanzlinie bestand aus einem vorgelagerten Graben und einem Wall. Dabei wurde der Aushub des Grabens zur Aufschüttung des Schutzwalls benutzt. Hinter diesem war es möglich Mannschaften und Artillerie gedeckt aufzustellen. Neben dem Aushub war Holz der zweite Baustoff. Der Wall wurde auf seiner dem Lager zugewandten Seite mit einem Flechtwerk aus Zweigen stabilisiert. Zudem wurden Palisaden, Sturmpfähle, angespitzte Stöcke und Verhaue dem Wall vorgelagert um einen Angriff deutlich zu erschweren. Auf dem Albuch finden sich von solchen Anlagen noch Spuren. Die kaiserlichen Truppen hatten dort drei Schanzen errichtet, die zur Verteidigung des Berges dienten. Aufgrund der Bodenbeschaffenheit des Breitwangs ist anzunehmen, dass dort errichtete Schutzwälle, analog zur Bodenbeschaffenheit des Albuchs, nicht höher als 90cm aufgeschüttet werden konnten. Vielmehr ist anzunehmen, dass ein solcher Wall mit Schanzkörben und Flechtwerk aus Holz erhöht wurde. Der Aufbau einer Schanze südlich der Ortschaft Hohenberg wäre wesentlich leichter gewesen, da es sich hierbei nicht um eine karge Heidefläche handelt.

---

[121]Als Rechteck ausgeführte Schanzanlagen werden als Redoute bezeichnet.
[122]Siehe auch Kapitel *„Befestigtes Lager auf dem Breitwang?"*
[123]Siehe auch Kapitel *„Das Schwedische Lager bei Werben"*

Von Wache, Drill und Gottesdienst

Wie der Aufbau und die „*Wartung*" einer Verschanzung oder Walls, gehörten weitere Aufgaben zum Tagesablauf der gemeinen Soldaten. Wache,
Drill und Gottesdienst nahmen hierbei einen hohen Stellenwert ein.
Ausgehend von der Hauptwache[124] wurden die einzelnen Wachen ausgeschickt und besetzt. Hier wurde auch allabendlich das Losungswort an die
Wachtposten ausgegeben. Nach Lavater fand dies in der Form einer „*stil-
len Post*" statt. Der Major[125] erhielt hierzu von seinem Befehlshaber ein
Losungswort. Vor der Hauptwache stellten sich nun die einzelnen Wachtmeister im Kreis auf. „*Alsdann gibt der Major dem ersten zu seiner rechten das Wort[126] heimlich flismend in das Ohr / und je einer dem anderen /
biß es widerumb an den Majoren kommt...*" (HCL S. 52). Auf diesen Vor-
gang zogen die einzelnen Wachtmeister zu ihren Kompanien und gaben
dort das Losungswort an die zur Wache bestimmten Soldaten aus.
Die Wache wurde in unterschiedliche Wachformen eingeteilt. Hierbei un-
terschied man in Äußere und Innere Wache, in Patrouillen, Tag- und
Nachtwachen und den Schildwachten.
Die „*Innere Wacht*" hielt sich im Lager selbst auf, wobei die „*Äußere
Wacht*" in den abseits des Lager befindlichen Schanzwerken und um das
Lager postiert war. Es war den Soldaten bei härtester Strafe verboten zu
schlafen, sich zu betrinken oder gar der Wache fern zu bleiben.
Innerhalb des Lagers fanden Patrouillen statt, die über Ordnung und Sicherheit wachten. Die Schildwachten wurden an bestimmten Punkten wie
beispielsweise an den Zugängen des Lagers, dem Artillerie- und Muniti-
onsplatz gehalten. Die einzelnen Wachtposten eines Lagers wurden durch
die sogenannte „*Ronde*" kontrolliert. Die erste „*Ronde*" sollte vor Mitter-
nacht stattfinden. Hierbei wurden die einzelnen Schildwachten überprüft
ob der Wachtposten mit dem Losungswort vertraut war.
Neben den Wachen gehörte der Drill an der Waffe, wie Pike oder Muskete, zur Tagesordnung der Soldaten. Zum Exerzieren traten die Soldaten auf
dem Alarmplatz an. Dabei wurden die verschiedenen Handgriffe, die zur
„*Bedienung*" einer Luntenmuskete oder einer Pike eingeübt.

---

[124]Siehe auch Kapitel „*Die Plätze im Feldlager*"
[125]Auch Obristwachtmeister oder Oberstwachtmeister
[126]Wort = Losungswort oder Parole

Allein zum Lade- und Schussvorgang der Luntenmuskete gehörten 42 Handgriffe[127] , die beherrscht werden mussten. Die *„ Spießknechte"* hatten bis zu 32 Handgriffe mit ihrer Waffe zu üben. Über dies wurden von den einzelnen Waffengattungen, Gefechtsformationen geübt, die im Falle einer Schlacht ausgeführt werden sollten. Noch heute gebräuchlichen Begriffe wie *„Reih und Glied"* wurden bereits im 17. Jahrhundert verwendet. Die Söldner traten beispielsweise in einer einem Rechteck ähnelnden Formation an. Auf Kommando wechselten sie ihre Position zu einer quadratischen Form oder umgekehrt.

Im Tagesablauf der Söldner nahm, vor allem Anderen, die geistliche Andacht einen hohen Stellenwert ein. Die schwedischen Kriegsartikel beginnen mit dem Kapitel *„Von Gottesfurcht und dem heiligen Wort Gottes" (SKR S.5 ff.)* Gemäß den Kriegsartikeln sollte zweimal täglich mit Gebet und Gesang ein Gottesdienst abgehalten werden. Auch hier wurde auf strengste Disziplin geachtet. Die Gottesdienste wurden durch den Trompeter des Feldherren angekündigt und beendet. An Sonn- und Feiertagen wurde zudem die Predigt abgehalten. Wie Offiziere, gemeine Soldaten und die Marketender, die während der Zeit des Gottesdienstes weder kaufen noch verkaufen durften, waren die Feldgeistlichen verpflichtet sich an die Kriegsartikel zu halten. Beispielsweise sollten nach §10 Feldgeistliche, die zur Zeit des Gottesdienstes betrunken aufgefunden wurden vor das Konsistorium[128] geführt und entsprechend gestraft werden *(SKR S.8)*.

Die Wichtigkeit und Dringlichkeit eines geistigen Beistandes sämtlicher Soldaten lässt sich abermals aus Briefen ersehen, die aus dem Bopfinger Feldlager an Herzog Eberhard geschickt wurden. Am 28. August schrieb Philipp von Liebenstein an Herzog Eberhard, es gelte: *„...die gendige anstalt und Verordnung zu thun, daß die Regimenter mit nottürftigen düchtigen Staabs Persohnen: besonders mit einem Veldtprediger versehen, damit wir täglichen (wie von den Schwedischen eiffrig beschieht) halten, besuchen und dabei in wahrer Gottes forcht leben mögen..." (StAS Sign. A29 Bü.70 Fol.91)*

---

[127]Nach Hans Conrad Lavater *(HCL S.81ff.)*
[128]Geistliche Führung oder Kirchengericht im Lager

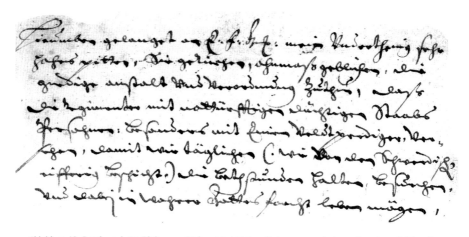

Abbildung 19: Briefausschnitt, Philipp von Liebenstein bittet um Stabspersonen, insbesonders einem Feldprediger.
Der Brief wurde datiert im Feldlager bei Bopfingen am 18./28. August 1634
Hauptstaatsarchiv Stuttgart; Sign. A 29 Bü. 70 Fol. 91

Die hygienischen Bedingungen im Feldlager

Ausgegangen von einer Gesamtzahl von ungefähr 60000 Menschen, die auf dem Breitwang ihr Lager geschlagen hatten, tritt unvermeidbar der Unrat, den eine solche Menschenmasse verursachte in den Vordergrund. Essens- und Lagerabfälle, menschliche und tierische Exkremente, die dicht gedrängte Masse an Menschen, Mangelernährung und verunreinigtes Wasser mussten unweigerlich zu schweren Erkrankungen der Menschen und Tiere führen, die sich innerhalb der Lagergesellschaft aufhielten. Mit dem *„menschlichen Heer"* zog auch ein Heer von Parasiten, Ratten, Flöhe, Wanze und Krätzmilben, die Krankheiten übertragen konnten. Ständiger Begleiter der Menschen im Feldlager war die Ratte und mit ihr in Verbindung der Rattenfloh, welcher gemeinhin als Überträger der Pest bekannt wurde. Durch den Stich eines Rattensflohs kommt es zur Übertragung des Pestbakteriums, welches innerhalb weniger Stunden bis Tagen zum Ausbruch der Beulenpest führt. Im Jahr 1633 ereilte diese Erkrankung beispielsweise den kaiserlichen Generalwachtmeister Heinrich Holk[129] auf seinem Feldzug nach Sachsen.

---

[129]Heinrich von Holk (1599-1633) stand zu Beginn seiner militärischen Karriere auf protestantischer Seite. Er wechselte in die Dienste Wallensteins.

Durch Läuse, Milben, Zecken und Flöhe konnte Fleckfieber, auch als Hunger- und Kriegsthyphus bezeichnet, übertragen werden.

Hockte eine Kleiderlaus im Wams eines Landknechts war es ihr ein leichtes diese Krankheit zu übertragen. Starb der Söldner in der Schlacht, so starb die Laus nicht mit ihm, sondern saß weiterhin in seiner Kleidung. Wurden diese geplündert, was damals an der Tagesordnung stand, hatte die Laus einen neuen Wirt gefunden und somit weiterhin die Möglichkeit, diese Krankheit zu übertragen. Nach Hans Conrad Lavaters Kriegsbüchlein unter dem Abschnitt *„Von montierung gemeiner Soldaten"* sollten *„...seine Kleider wenig fällt und näht haben / darin sich das unzifer nicht setzen..." (HCL S. 49)* Wie es scheint, war den Menschen jener Zeit die Gefahr wohl bewusst, die von den genannten Parasiten ausging.

Die medizinische Versorgung jener Zeit wurde, neben den Soldatenfrauen, von Feldschern, Wundärzten und Badern besorgt. Sobald ein Söldner verletzt war, begab er sich in die Hände eines Feldscherers, einer Art Militärarzt der sich sein Wissen nicht durch ein Studium angeeignet hatte, sondern ein spezialisierter Handwerker war. In günstigstem Fall hatte sich der Feldscher sein Wissen bei einem Bader angeeignet.

Der Beruf des Baders hatte sich schon im Mittelalter gebildet und umfasste Gebiete der Chirurgie, der Augen- und Zahnheilkunde, des Aderlasses, des Schröpfens und des Badewesens. Bereits zu Anfang des 16. Jahrhunderts hatte der Strassburger Chirurg Hans von Gersdorff sein *„Feldbuch der Wundtarzney"* verfasst. Er beschrieb schon zu dieser Zeit, wie und mit welchen Mitteln beispielsweise Schussverletzungen zu behandeln waren. Die Methodik änderte sich bis ins 17. Jahrhundert wenig. Bei einer Schusswunde wurde mit dem Einbringen eines *„Suchers"*, einem stilartigen, mit einem kleinen Löffel versehenen Instrument, in der Wunde nach dem Geschoss getastet. Nach Bedarf konnte der Feldscher mit einer Spreizzange die Eintrittspforte weiten und falls möglich, die Kugel mit einem dem Sucher ähnlichen Instrument anbohren und herausziehen. Anschließend wurde die Wunde mit einem Brandeisen ausgebrannt. Die *„Operation"* erfolgte ohne Narkose und unsteril! Unvorstellbar welche Schmerzen ein Mensch, der so behandelt wurde, durchstehen musste. Hier half vielleicht ein großer Schluck aus der Brandweinflasche und ein mit Leder bezogener Keil im Mund des Patienten, bis er in die Bewusstlosigkeit fiel.

Das Ausbrennen der Wunde und die unsterile Behandlung konnte zu schweren Infektionen und letztlich zum Tod des Verletzten führen. Demzufolge war es um einen Verletzten sicherlich nicht gut bestellt. Bei einer guten körperlichen Verfassung des Patienten hatte dieser sicherlich eine höhere Überlebenschance. Traten extreme Verletzungen der Gliedmaßen auf, wurden diese nach einem genau geregelten Ablauf amputiert. Ebenfalls ohne jegliche Narkose und in unsterilem Zustand. Hatte der Patient überlebt, so war er als Söldner seiner Existenz beraubt, da er aufgrund seiner Einschränkung nicht mehr dem Kriegshandwerk nachgehen konnte.

Das Schwedische Lager bei Werben

Das Aussehen und der Aufbau des schwedischen Feldlagers auf dem Breitwang ist bisher unbekannt, daher wird ein solches, am Beispiel des Lagers bei Werben an der Elbe, beschrieben. Anfang Juli 1631 war Gustav Adolf mit seinen Truppen von Norddeutschland in südliche Richtung gezogen. Bei der Stadt Werben schlug er ein Lager auf. Hier, am Zusammenfluss von Elbe und Havel, erwartete er das kaiserliche Heer unter Generalleutnant Tilly. Da er glaubte, der Armee Tillys nicht gewachsen zu sein, ließ er umfangreiche Befestigungen um sein Lager anlegen und bezog dabei die Stadt und die „Landwehr" mit ein. Das kaiserliche Heer erschien am 5.August vor dem Lager. Darauf lieferten sich die Schweden mehrere Scharmützel mit ihrem Gegner und ließen sich nicht aus ihrem gut befestigten Lager heraus locken. Tilly dagegen ließ die Stadt mit Artillerie beschießen und musste letztendlich unverrichteter Dinge mit seinen Truppen abziehen, da er diese in einem bereits ausgeplünderten Land nicht ernähren konnte. Gustav Adolf hatte das Lager und die Stadt mit zahlreichen Erdschanzen befestigen lassen. Dabei nützte er die örtlichen Gegebenheiten hervorragend aus. Das Lager wurde in eine Schleife der Elbe gelegt, so dass das Lager von zwei Seiten durch den Fluss geschützt wurde. Zwei Schanzen auf der gegenüberliegenden Seite der Elbe sicherten zwei Schiffsbrücken die eine Verbindung zum nördlichen Ufer herstellten.

Darüber hinaus versorgte der Fluss das Lager mit Wasser und es war möglich auf der Elbe, per Schiff, bequem Nachschub heranzuschaffen. Die Stadtbefestigung Werbens war durch acht Bastionen[130] samt Kurtinen[131] verstärkt worden. In Verlängerung zur Elbe deckte nach Norden und Osten jeweils ein Wall das Lager. Die *„Landwehr"* wiederum deckte als vorgeschobene Stellung das Lager und sechs Windmühlen, die für die Versorgung der Armee von großer Wichtigkeit waren. Das Lager war geräumig genug, dass sich Regimenter formieren könnten. Auf dem nachfolgenden Kupferstich gut zu erkennen, ist die Anordnung der Zelte und Bauten im Lager. Die Hütten und Zelte jeder Kompanie sind in Reihen aufgebaut. Vor jeder Reihe wurde die Fahne der jeweiligen Kompanie aufgepflanzt, während auf der Rückseite die Piken aufgestellt wurden. Im Mittelpunkt des Lagers ist das Quartier des Königs zu erkennen. Das ganze Areal war offensichtlich mit einem Wall und Graben umgeben, genauso wie die Artillerie der Armee, die direkt neben dem Lager des Königs abgestellt ist. Merians Stich zeigt sehr viele schöne Details die typisch für ein befestigtes Lager dieser Zeit waren. Die umfangreichen Befestigungen entsprechen wohl dem, was Gustav Adolf gebaut hat, denn das Lager nötigte angeblich selbst Tilly großen Respekt ab, was die Stärke und die Lage betrifft. Gustav Adolf deckte mit diesem Lager nicht nur seine bisherigen Eroberungen, sondern legte hier den Grundstein für seinen weiteren Siegeszug im Reich.

Legende zum Kupferstich[132]

A.	Die Stadt Werben
B.	Die Newen Werke, so in 14 Tagen verfertigt worden
C.	Der Damm, welcher das Läger beschloßen, vor der Elbe und in 4 Tagen zu einem Wall gemacht worden
D.	Blendung auf dem Damm, dahinter Stück gestanden
E.	Die Posten und Wachten
F.	Des Königs Zelt
G.	Landwehr, darinn Musquetirer gelegen
F.	General Tilly Armee
I.	Scharmützel

---

[130]Vorgeschobener, befestigter Verteidigungspunkt der aus einer befestigten Linie hervorspringt. Oftmals fünfeckig angelegt und mit Geschützen besetzt.
[131]Verbindungsmauer zwischen zwei Bastionen.
[132]Lager bei Werben an der Elbe. Quelle: Theatrum Europaeum, Band II, 3. Aufl., Frankfurt am Main: M. Merian, 1646. - Exemplar der Universitätsbibliothek Augsburg, Sign. 02/IV.13.2.26-2

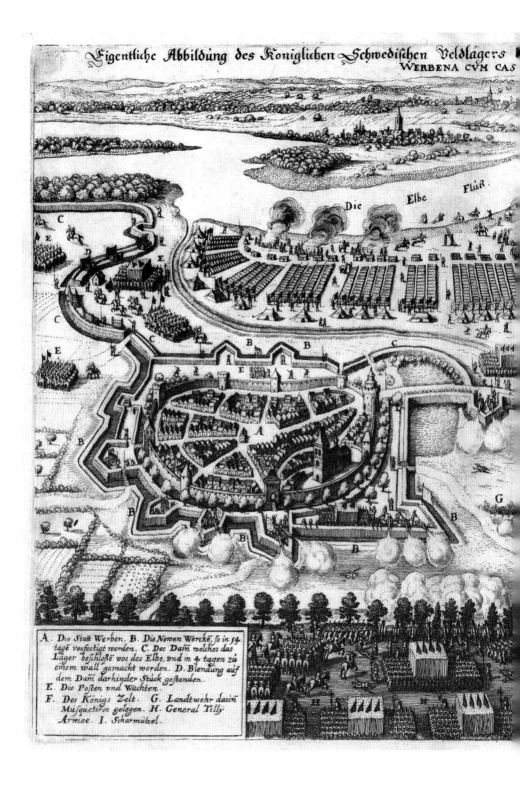

Eigentliche Abbildung des Königlichen Schwedischen Veldlägers
WERBENA CVM CAS

Die Elbe Fluß

A. Die Statt Werben. B. Die Newen Wercke, so in 14.
tage verfertigt worden. C. Der Dam welcher das
Läger beschloße vor der Elbe, und in 4 tagen zu
einem wall gemacht worden. D. Blendung auf
dem Dam darhinder Stück gestanden.
E. Die Poſten vnd Wachten.
F. Des Königs Zelt. G. Landtwehr darin
Muſquetirer gelegen. H. General Tilly
Armee. I. Scharmützel.

Verben an der Elbe Anno 1631.
SUECORVM

Hauel Fl.

Abschluss

Die Zeit des *„Schwedenlagers"* auf dem Breitwang und die kriegerischen Ereignisse des August und September 1634 waren der Auftakt für weitere Geschehnisse, welche Bopfingen in den Jahren bis 1648 erleiden sollte. Weitere Plünderungen, eingeschleppte Krankheiten, Kriegsgräuel und Kontributionslasten wurden der Bürgerschaft auferlegt. Besonders hervorzuheben sind dabei die Schlacht bei Alerheim, die am 3. August 1645 geschlagen wurde und die Beschießung der Burg Flochberg im April 1648.

Nach den Ereignissen der Jahre 1618 bis 1648 sollte die Stadt Bopfingen ihre einstige Blüte für viele Jahrzehnte nicht mehr erreichen.

Rückblickend auf die Zeit, in der die *„schwedischen"* Truppen in und um Bopfingen lagen, ergibt sich zusammenfassend folgendes Bild:

Die Schweden zogen nicht gleich, wie oftmals angenommen, auf den Breitwang. Am 22. / 23. August trafen die ersten *„schwedischen"* Verbände unter Feldmarschall Horn und Herzog Bernhard von Weimar um Bopfingen ein. Diese wendeten sich zuerst weiter in östliche Richtung, um am 24. August, nach Ablenkungsgefechten bei Utzmemmingen, die Stadt Nördlingen mit weiteren Besatzungssoldaten zu verstärken. Nach Rückzugsgefechten und einer Nacht *„im Feld"* kehrten die *„Schweden"* zurück nach Bopfingen. Von dort zogen sie auf den Breitwang wo sie am selben Tag Verstärkung durch die Württembergischen Verbände erhielten.

Im Feldlager muss, wie die Briefe Horns, Offenburgs und Liebensteins bezeugen, ein Mangel an Proviant, Waffen, Pulver und bei den Württembergern an *„tüchtigen Staabspersonen"* geherrscht haben.

Vielleicht trugen diese Umstände ebenfalls zum Verlust der Schlacht bei.

Im Jahr 2009 werden in Gedenkveranstaltungen, Ausstellungen und Vorträgen die Ereignisse des Jahres 1634 nochmals ins Gedächtnis gerufen. Nicht nur in diesem Jahr sollten uns diese in Erinnerung bleiben. Hierzu soll dieses Buch seinen Beitrag leisten und ein Kapitel Bopfinger Stadtgeschichte dem Leser näher bringen und auch daran erinnern, dass der Friede, den wir in unserem Land genießen dürfen eines der höchsten Güter ist und bleibt.

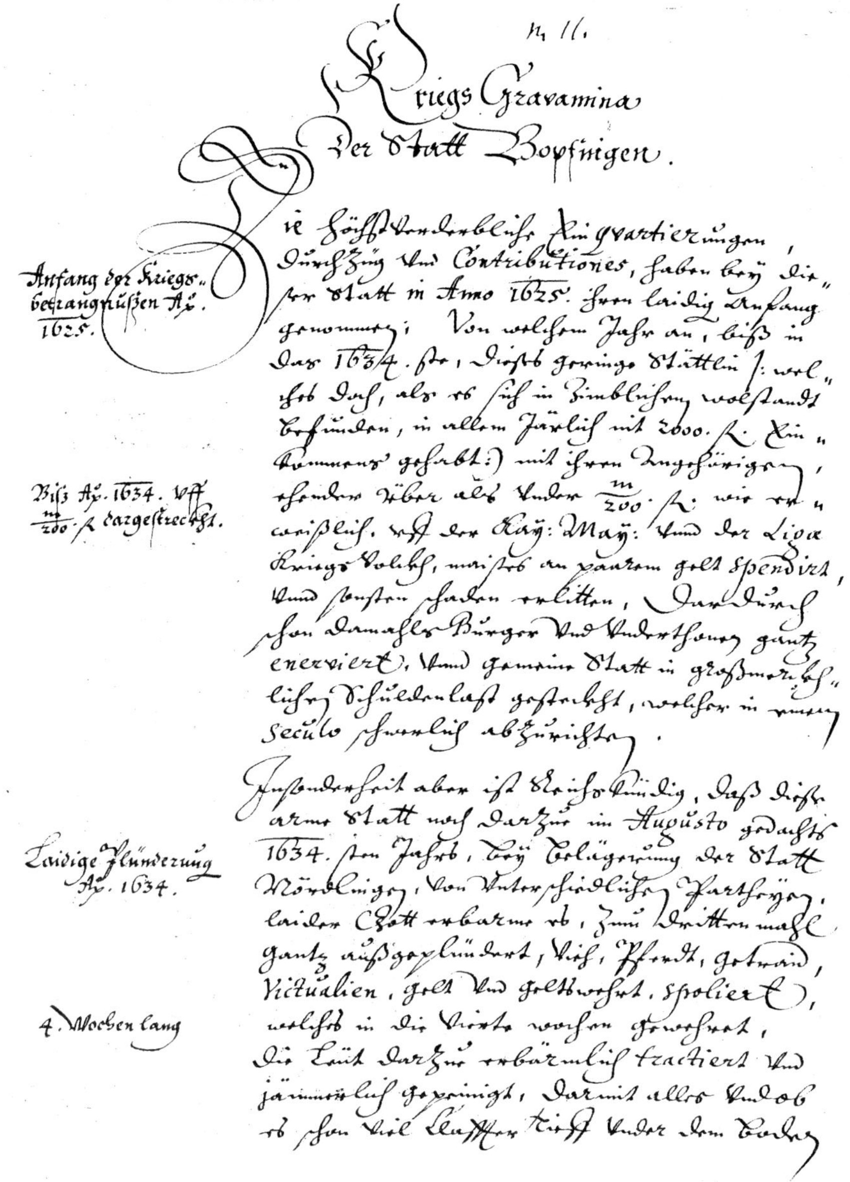

N. 11.

Kriegs Gravamina
Der Statt Bopfingen.

Die höchstverderbliche Einquartierungen, Durchzüg und Contributiones, haben bey dieser Statt in Anno 1625. ihren laidig Anfang genommen; Von welchem Jahr an, biss in das 1634. Jar, dieses geringe Stättlin (: welches doch, als es sich in ziemblichem wolstand befunden, in allem Järlich mit 2000. fl. Einkommens gehabt:) mit ihren Angehörigen, besonders über alles under m/200. fl: wie es erweislich, vff der Kay: May: und der Liga Kriegs Volckh, meistes an paarem gelt spendirt, und sonsten schaden erlitten, Dardurch die damahls Bürger und Underthanen gantz enerviert, und gemeine Statt in grossmerckhliche Schuldenlast gestreckht, welcher in einem Seculo schwerlich abzurichten.

Anfang der Kriegs-bedrangnüssen Ao. 1625.

Biss Ao. 1634. vff m/200 fl dargestreckht.

Insonderheit aber ist Weltkündig, dass dieße arme Statt noch darzu im Augusto gedachts 1634. ten Jahrs, bey Belägerung der Statt Nördlingen, von Unterschiedlichen Parthejen, laider Gott erbarme es, zum Dritten mahl gantz aussgeplündert, Vich, Pferdt, Getraid, Victualien, gelt und geltwehrt, spoliert, welches in die Vierte wochen gewehret, die Leüt darzu erbärmlich tractiert und jämmerlich gepeinigt, darmit allers Vndes es schon vil Leüther tieff under dem Boden

Laidige Plünderung Ao. 1634.

4. Wochen lang

Abbildung 20: Deckblatt: „Kriegs Gravamina Der Statt Bopfingen". Die Kriegsgravamina (Beschwernisse) wurden verfasst, um die Leiden und Lasten der Bürger in schriftlicher Form auf dem Reichstag in Regensburg im Jahre 1640 vorzulegen. Besonders hervorgehoben werden die Ereignisse des Jahres 1634. Staatsarchiv Ludwigsburg; Sign. B 165 Bü. 51

Anhang

Der Weg nach Bopfingen

Im Sommer 1634 wurde die kleine Reichsstadt Bopfingen[133] für fast zwei Wochen das Zentrum der Protestanten in Süddeutschland. Aus ganz Süddeutschland zogen schwedische Truppen und ihre Verbündeten ins Lager auf den Breitwang, um von hier aus die belagerte Stadt Nördlingen zu entsetzen. Verglichen mit den beiden vorangegangenen Jahren, war eine solche Krise jedoch alles andere als ungewöhnlich. Im Sommer 1632 hatte Wallenstein mit einem befestigten Lager vor Nürnberg König Gustav Adolf gezwungen, seine Armeen aus ganz Süddeutschland zusammenzuziehen, um ihm Paroli zu bieten. Im Jahr 1633 sorgte eine durchziehende Spanische Armee, die von Italien in die sogenannten Spanischen Niederlande *(dem heutigen Belgien)* ziehen wollte, dass die beiden konkurrierenden schwedischen Feldherren Gustaf Horn und Bernhard von Weimar ihre Armeen am Bodensee vereinigten. Den Spaniern, die sich mit einer kaiserlichen Armee unter Aldringen[134] vereinigt hatten, sollte der Weg nach Württemberg verlegt werden. In beiden Fällen hatte eine Konzentration der kaiserliche Kräfte eine Situation geschaffen, der sich die Schweden mit ihrer vereinigten Streitmacht stellen mussten.

Das überlegte Vorgehen des kaiserlichen Heeres, im Jahr 1634, unter König Ferdinand beschwor eine weitere Krise für die Schweden herauf. Ferdinand hatte nicht wie ursprünglich geplant, nach der Eroberung Regensburg den Großteil seines Heeres wieder nach Böhmen zurück geschickt, sondern aus Böhmen heraus, seinen Feldzug an der Donau entlang, bis vor die Tore Nördlingens geführt und konnte Kraft seiner Autorität hier Schwerpunkte setzen. Seiner Person war es auch zu verdanken, dass sich das spanische Heer unter seinem Vetter, dem Kardinalinfanten Fernando de Austria, auf den Weg nach Nördlingen begab. Damit sollte für eine klare zahlenmäßige Überlegenheit im Falle einer Schlacht gesorgt werden.

---

[133]Siehe auch Kapitel *„Bopfingen, kleine freie Reichsstadt am Rande des Ries"*
[134]Johann von Aldringen (1588-1634) stammte aus armen Verhältnissen. Ab 1618 stand er abwechselnd in kaiserlichen und bayerischen Diensten wo er Karriere machte. Aldringen war als Kriegskommissar u.a bei der Durchführung des Restitutionsedikts tätig. 1632 in Diensten Wallenstein. In der Folgezeit lies er sich in das Komplott gegen Wallenstein ziehen. Im Jahr 1634 fiel er bei der Verteidigung Landshuts gegen Gustaf Horn und Herzog Bernhard von Weimar.

Für die Schweden dagegen stellte sich die Situation im Sommer 1634 wie folgt dar: Nach König Gustav Adolfs Tod hatte die Kriegsführung unter der Konkurrenz der beiden führenden Feldherren Gustaf Horn und Herzog Bernhard von Weimar, die nur im Notfall zusammen arbeiteten, gelitten.

Die Lage, wie sie sich dann im August 1634 zeigte, hatte ihren Ausgangspunkt aber schon zu Ende des Jahres 1633 genommen.

Herzog Bernhard hatte am 14. November Regensburg, das Tor zu Oberösterreich, erobert und sich scheinbar für den Feldzug des kommenden Jahres eine strategisch günstige Ausgangsposition geschaffen.

Bis in den Dezember 1633 waren Feldmarschall Horns Truppen in Kämpfe mit dem spanischen Heer verwickelt, das zwar bis in das Elsass gekommen war, aber letztendlich den Rückzug nach Bayern antreten musste.

Dabei verhinderte Feldmarschall Horn nicht nur, dass sich die Spanier in Württemberg festsetzen konnten, sondern es gelang durch kluge Manöver das feindliche Heer an den Rand der Auflösung zu bringen.

Im Januar 1634 ging er selbst daran, mehrere Städte in Oberschwaben und im Allgäu zurückzuerobern. Als Konsequenz waren die beiden schwedischen Armeen, die in Süddeutschland lagen, im Frühsommer 1634 stark geschwächt. Vor allem die Infanterie hatte unter Kampfhandlungen, die im Winter stattfanden, und an viel zu kurzen Ruhephasen gelitten.

Der Reiterei fehlte es an Pferden und der Armee fehlte es an finanziellen Mitteln, um diese verstärken zu können. Ein weiteres Problem für die schwedischen Truppen war, dass nach mehrjährigen Kriegshandlungen keine weiteren Rekruten[135] vorhanden waren. Dagegen hatten die Kaiserlichen ihren Soldaten ein ruhiges Winterquartier in Böhmen gegönnt. Auf schwedischer Seite machte sich zudem bemerkbar, dass die einzelnen Truppenteile im Sommer schon weite Strecken marschiert waren. Als Folge waren die schwedischen Truppen nicht nur entkräftet, sondern den Kaiserlichen zahlenmäßig deutlich unterlegen.

Dies führte dazu, dass sich im Feldlager auf dem Breitwang nicht nur die beiden Armeen Horns und Weimars sammelten, sondern aus ganz Süddeutschland Truppen, wie die des mit den Schweden verbündeten Herzogtum Württemberg sammelte.

---

[135]König Gustav Adolf hatte 1632 bei Nürnberg allein an Schwedischen Truppen noch 45000 Mann zusammenbringen können. Bei Nördlingen brachten die Schweden im Verein mit den Verbündeten es gerade noch auf 25000 Mann. Dies zeigt deutlich wie viel Substanz die Schwedische Armee in den letzten beiden Jahren verloren hatte.

Im Folgenden werden nun die einzelnen Armeen und Korps vorgestellt, die in Bopfingen lagerten oder auf dem Weg[136] dorthin waren.

Die Armee Gustaf Horns

Befehlshaber:	Feldmarschall Gustaf Horn
Stärke:	4000 Mann Kavallerie
	2300 Mann Infanterie

Entfernung Luftlinie Mindelheim: 91 km

Anmarschweg: 221,5 km *(Mindelheim - Augsburg – Günzburg – Leipheim – Heidenheim – Aalen – Bopfingen)*

Feldmarschall Horn operierte mit seiner Armee in der Regel vom Oberrhein nach Oberschwaben und ins Allgäu. Neben den Strapazen der vorhergehenden Feldzüge hatten seine Erfolge vor allem in Oberschwaben zur Folge, dass seine Armee im August auf 7000 Mann geschrumpft war. In Kempten und Memmingen wurden starke Garnisonen zurückgelassen und darüber hinaus verblieben 4000 Mann am Bodensee, die nun der Feldarmee fehlten. Im Juli hatte Gustaf Horn im Verein mit Bernhard von Weimar noch versucht die Stadt Regensburg zu befreien. Der Befreiungsversuch wurde abgebrochen, da die Stadt schon während des Anmarsches der Schweden in die Hände der Kaiserlichen fiel. Die schwedische Armee war jedoch bis zu dem Zeitpunkt der Übernahme durch die Kaiserlichen lediglich bis über Landshut hinausmarschiert. Da nun die eine Rückeroberung der Stadt Regensburg aussichtslos erschien, wurde der Entschluss gefasst, nach Augsburg zu marschieren, welches am 6. August erreicht wurde.

---

[136]Die Entfernungen wurden per *„Luftlinie"* mit Google - Earth vom jeweiligen Ausgangspunkt zum Vereinsheim des MSC Ipf auf den Breitwang ermittelt. Bei Anmarschwegen wurde der Michelin Routen-Planer verwendet. Im Fall das eine Marschroute nicht genau bekannt ist, wurde eine mögliche Route zur Berrechnung herangezogen. Die Möglichkeit, dass es Ungenauigkeiten gibt ist gegeben, da heute teilweise andere Straßen als zur Zeit des Dreißigjährigen Krieges benutzt werden. Anhand des Marsches der Truppen, Horns und Weimars nach Bopfingen, kann von einer realistischen Marschleistung von 30 km / Tag ausgegangen werden. Dabei gilt es zu berücksichtigen, dass alle 3 – 4 Tage eine Ruhetag eingelegt wurde.

Zudem sorgte schlechtes Wetter dafür, dass die Schweden völlig erschöpft in Augsburg ankamen. In Augsburg sollte der Truppe eine Ruhepause gegönnt werden. Dazu wurden die einzelnen Truppenteile weiträumig ins Umland verteilt, wobei Feldmarschall Horn seine Armee nach Mindelheim verlegte, während Herzog Bernhard mit seinem Teil der Armee in das Gebiet um Lauingen zog. Der weitere schnelle Vormarsch der Kaiserlichen Richtung Schwaben verhinderte jedoch eine längere Ruhephase. Am 16. August vereinigten sich beide schwedischen Truppen wieder bei Günzburg und zogen von dort weiter nach Leipheim, wo sie am 19. August auf das nördliche Donauufer übersetzten. Am nächsten Tag führte sie der Marsch über Giengen nach Heidenheim, das am Abend erreicht wurde. Darauf setzte die Armee ihren Weg über Aalen nach Bopfingen fort, welches Feldmarschall Horn am Abend des 22. August erreichte. Die Armee Weimars traf dort erst am folgenden Tag ein. Somit war die Armee Gustaf Horns diejenige, die am längsten um Bopfingen lag. Feldmarschall Horns Truppen setzten sich zum Teil aus den Kerntruppen der schwedischen Armee, darunter die Schottische Brigade,[137] zusammen. Diese galten als die erfahrensten Soldaten unter den schwedischen Truppen. Weder in Horns Armee, noch in ganz Süddeutschland, gab es zu dieser Zeit Mannschaften die aus Schweden stammten. In diesem Zeitraum wurde die Mehrheit der *„Schweden"* in Norddeutschland rekrutiert.

---

[137]Teilweise waren es noch Schotten die schon 1628 bei der Verteidigung Stralsunds gegen Wallenstein im beteiligt waren. In der Schlacht bei Breitenfeld, 1631, hatten sie dann einen großen Anteil am Sieg über Tilly. Danach zogen sie mit der Armee nach Süddeutschland. Im August 1634 bestanden die *„Schottischen Regimenter"* jedoch nur noch zu einem kleinen Teil aus Schotten. Diese waren bis dahin größtenteils umgekommen und die Lücken waren mit deutschen Rekruten aufgefüllt worden. Nach der Schlacht bei Nördlingen war es lediglich möglich, aus den verbliebenen Schotten, noch eine Kompanie zu bilden. Diese trat in Folge in französische Dienste über und bildete dort das Regiment Heburn.

Die „Fränkische Armee" Bernhard von Weimars

Befehlshaber: Herzog Bernhard von Sachsen-Weimar
Stärke: 4500 Mann Kavallerie
                  5000 Mann Infanterie

Entfernung Luftlinie Lauingen: 31 km

Anmarschweg: 121 km *(Augsburg – Günzburg – Leipheim – Heidenheim – Aalen – Bopfingen)*

Herzog Bernhards Aktionsgebiet lag in den Jahren 1633 und 34 in Franken und der Oberpfalz. Im November 1633 war er mit seinen Truppen bis zur Böhmischen Grenze vorgestoßen, wo zum Teil Winterquartiere bezogen wurden. Im Jahr 1634 unternahm er mit seinen Truppen keine größeren Offensiven. Stattdessen drehte sich Weimars Kriegsführung, neben der Belagerung Forchheims, zum größten Teil um die Einnahme Regensburgs. Dieses hatte er im Verein mit der Armee Gustaf Horns vergeblich versucht zu entsetzen. Nach der Vereinigung seines Armeeteiles, am 16. August bei Günzburg, verliefen die Marschwege nach Bopfingen identisch[138] mit denen der Armee Gustaf Horns.

Herzog Bernhards sogenannte *„Fränkische Armee"* war von ihm selbst und dessen Bruder, dem Generalleutnant Wilhelm von Weimar[139], ab dem Jahr 1631 in Thüringen und in Franken geworben worden.

Der Stab setzte sich größtenteils aus altgedienten Offizieren zusammen. Diese hatten wie Herzog Bernhard und Wilhelm in den Jahren zuvor in verschiedenen protestantischen Armeen gedient hatten.

---

[138]Siehe auch Kapitel *„Die Armee Gustaf Horns"*
[139]Wilhelm von Sachsen – Weimar (1598-1662) nahm bereits am Böhmischen Krieg teil. Diente u.a. unter Mansfeld und Christian von Braunschweig. Schloss sich früh den Schweden an und machte Karriere. Er legte jedoch seine Dienste für Schweden nieder und schloss sich 1635 dem Prager Frieden an.

Die „Schweden" vom Bodensee

Befehlshaber: Generalmajor Bernhard von Schaffalitzky zu Muckendell[140]
Stärke: 1000 Mann Kavallerie
                    1000 Mann Infanterie

Entfernung Luftlinie Buchhorn / Friedrichshafen: 145 km

Anmarschweg: 262 km *(Buchhorn / Friedrichshafen – Ravensburg – Biberach – Ulm – Geislingen – Göppingen – Heidenheim – Aalen – Bopfingen)*

Bis Mai 1634 belagerten schwedische Truppen Überlingen am Bodensee, was jedoch fehl schlug. Darauf wandte sich Gustaf Horn mit seiner Armee wieder ins Allgäu und nach Oberschwaben. Als Befehlshaber der Region Schwarzwald, Bodensee und Oberschwaben hatte er Generalmajor Schaffalitzky mit 3000 bis 4000 Mann zurückgelassen. Dieser konnte sich nicht nur gegen die Kaiserlichen behaupten, sondern baute Buchhorn[141] mit württembergischer Hilfe zur Seefestung, samt einer Flotte, aus. Bereits Mitte Juli bekam Schaffalitzky den Befehl Horns, alle verfügbaren Truppen in Buchhorn zu versammeln und sich gegebenenfalls mit der Hauptarmee zu vereinigen. Anfang August zog Schaffalitzky über Ravensburg, Biberach und Ulm ins württembergische Feldlager bei Göppingen.[142] Von dort marschierte dieser im Verein mit den Württembergern und dem schwedischen Regiment Rantzau nach Bopfingen, wo diese am 25. August ankamen. Schaffalitzky hatte sein Infanterieregiment und zwei Kavallerieregimenter aufbringen können, wobei er jedoch Teile der Garnisonen seiner Festungen und Städte drastisch verringern musste.
In Buchhorn waren beispielsweise nur noch 500 Mann, während bis zum Abzug 1500 Musketiere in dieser Garnison lagen.

---

[140]Bernhard Schaffalitzky von Muckendell (1591–1641), wie Philipp II von Liebenstein stand er in schwedischen und württembergischen Diensten. Er entstammte einem einstmals in Böhmen ansässigen Adelsgeschlecht, das sich in Württemberg niedergelassen hatte und in den Diensten der Herzog von Württemberg stand. Er begleitete das Amt des Obervogtes von Brackenheim. Früh begann er seine militärische Karriere als einfacher Pikenier und diente sich hoch bis zum Rang eines Generalmajors.
[141]Das heutige Friedrichshafen
[142]Der Mainzer Amtmann Christoph Heinrich von Griesheim, der mit diesem Korps bis ins Lager nach Bopfingen gezogen war, beschreibt den Marsch in der Flugschrift „ Glückliche Haupt Victoria und wahrhafte Relation" deren Text auf *„www.schwedenlager-1634".*de im Original zu lesen ist.

Dazu war die Besatzung von Wangen erheblich verringert worden. Die zu-rückbleibenden Truppen in Oberschwaben standen unter dem Kommando des Obersten Canoffsky[143]. Wie auch bei der Hauptarmee, handelte es sich um erfahrene Truppen, die die Feldzüge der letzten zwei Jahre mitgemacht hatten.

Die Württemberger

Befehlshaber: Oberst Philipp II von Liebenstein[144]
Stärke: 3000 – 4000 Mann Landmiliz und Infanterie

Entfernung Luftlinie Göppingen: 58 km

Anmarschweg: 98 km *(Göppingen – Heidenheim – Aalen – Bopfingen)*

Im August wurden im Herzogtum Württemberg, angesichts des drohenden Einfalls der Kaiserlichen, alle verfügbare Landmilizeinheiten mobilisiert. Zu diesen gehörten ebenfalls angeworbene Truppen vom Regiment Pflau-mer[145], die sich in Göppingen[146] sammelten. Laut einer Soldliste vom 12. August waren dies 24 Kompanien Landmiliz, von denen vier in der Fes-tung Schorndorf als Garnison zurückgelassen wurden. Auf der Festung Hohenurach wurde die Garnison aus geworbenen Knechten gegen Land-miliz ausgetauscht. Aus der Gesamtstärke dieser Mannschaften war es möglich zwei Brigaden[147] zu bilden.

---

[143]Friedrich Ludwig Canoffsky von Langendorf (?-1645) diente unter Horn und Weimar. 1639 trat er in französische Dienste. Bekannt wurde er auch als Kommandant der Stadt Freiburg im Breisgau. Er stammte aus dem Hohenlohischen. Sein Vater war bereits württembergischer Beamter in Neuenstadt. Zu Cannoffsky siehe auch Kapitel *„Die Schweden aus dem Allgäu".*
[144]Siehe auch Kapitel *„Philipp II von Liebenstein"*
[145]Peter Pflaumer zu Löwenstein (?-1655). Er war 1634 Obristleutnant über ein geworbenes Regiment. Nach der Schlacht befand er sich ab dem 13. September in Heilbronn. Ab 1639 war er Obervogt von Möckmühl und Obristleutnant zu Löwenstein. 1648 beauftragte ihn Herzog Eberhard nach verloren gegangenen Geschützen zu fahnden, die nach der Nördlinger Schlacht 1634 von den Kaiserlichen erbeutet wurden und anschließend in unterschiedlichen Festungen gebracht wurden.
[146]Das Kernland des Herzogtum Württemberg war durch einen Gürtel von Festungen (Schorndorf, Kirchheim, Hohenneuffen, Hohenurach, Hohentübingen) nach Osten und Südosten gedeckt. Allein in der Gegend von Göppingen tat sich eine Lücke auf. Von da her war es nur logisch, dass man die verfügbaren Feldtruppen hier sammelte. Tatsächlich spielten die anrückenden Spanier mit den Gedanken über Göppingen nach Württemberg einzubrechen. Nach der Schlacht war es dann aber das Kaiserliche Heer das diesen Weg ins Herzogtum nahm.
[147]Eine Schwedische Brigade umfasste zu dieser Zeit 1500 Mann. Da die Württemberger seit zwei Jahren im Verband mit den Schweden kämpften und auch ihre Ausbildung auf der gleichen Grundlage fußte dürfte die württembergische Brigade die selbe Stärke besessen haben.

Nachdem das Schwedische Korps vom Bodensee und das Regiment Rantzau in Göppingen eingetroffen waren, marschierten diese vereint nach Bopfingen, welches am 25. August erreicht wurde. Die genaue Marschroute bleibt unbekannt. In Betracht käme zum Einen die Route über Heidenheim und Aalen, zum Andern der Weg über Schwäbisch Gmünd nach Aalen und Bopfingen.

Die Miliz setzte sich aus der sogenannten *„Ersten"* und der *„Anderen"* (im Sinne von *„Zweiten"*) Auswahl zusammen. Dies Einheiten waren *„gedrillt"* und hatten schon mehrere Feldzüge mit den Schweden geführt. Beispielsweise forderte Feldmarschall Horn mehrmals die Miliz von Herzog Eberhard an, um einen Mangel an Infanteristen in seinen Reihen auszugleichen. Negativ bemerkbar machte sich jedoch, dass ein großer Teil der württembergischen Truppen vor Villingen und am Bodensee stand[148] und es deshalb in den Reihen der württembergischen Miliz an höheren Offizieren mangelte. Daher beklagte auch Oberst Philipp von Liebenstein in seinen Briefen aus dem Feldlager an Herzog Eberhard, dass er keine Stabsoffiziere, keine Profoß und keine Feldprediger habe.

---

[148]Die Miliz des Herzogtums besaß eine Stärke von 12000 Mann, die aber in der Regel nicht vollständig aufgeboten wurde. Im Bedarfsfall wurde ein großer Teil der Offiziere und die Hälfte der Mannschaften ausgehoben, die zu dieser Zeit zum großen Teil bei der Belagerung Villingens und Rheinfeldens waren. Angesichts des Einfalls der Kaiserlichen wurde jedoch die gesamte Milz aufgeboten.

Die „Schweden" aus dem Allgäu

Befehlshaber: Oberst Friedrich Ludwig von Canoffsky von Langendorf
Stärke: 300 Mann Kavallerie
                1200 Mann Infanterie[149]

Entfernung Luftlinie Wangen: 136 km

Anmarschweg: 219 km *(Sammelpunkt Biberach / größte Entfernung von Wangen - Ulm – Heidenheim – Ederheim)*

Im Frühjahr 1632 hatten sich im Allgäu immer wieder heftige Kämpfe zwischen den Schweden und den Kaiserlichen abgespielt. Zu Beginn des Jahres gelang es Feldmarschall Horn die Region erneut unter seine Kontrolle zu bringen und starke Garnisonen zu hinterlassen. Die *„Schweden"* lagen in Memmingen, Kempten und Wangen. Schon Schaffalitzky hatte Teile der Wangener Garnison mit nach Bopfingen geführt. Am 1. September zog noch ein Großteil der verbliebenen Schweden unter dem Kommando von Oberst Canoffsky in Richtung Nördlingen, wobei es ihnen bis zum Tag der Schlacht lediglich gelang, die Umgebung der Stadt Biberach zu erreichen. Im Einzelnen handelte es sich um zwölf Kompanien zu Fuß und sechs Kompanien zu Pferd. Diese zogen sich, nachdem die Nördlinger Schlacht geschlagen war, nach Memmingen, an den Bodensee und ins Elsass zurück. Für die Schwedische Armee wäre dies noch einmal eine bedeutende Verstärkung gewesen, vor allem, weil es sich um erfahrene Einheiten der Armee Horn handelte.

---

[149]Eine genaue Stärkte ist nicht bekannt. In den *„Anales Biberachcences"* des Johann Ernst Pflummern wird lediglich die Anzahl der Kompanien genannt. Daher werden für eine Kompanie zu Fuß 100 Mann und für eine Kompanie zu Pferd 50 Mann Stärke angenommen.

Das Belagerungskorps Cratz der „Fränkischen Armee"

Befehlshaber: Feldmarschall Johann Philipp von Cratz[150]
Stärke: 800 Mann Kavallerie
                 3000 Mann Infanterie

Entfernung Luftlinie Bamberg: 123 km

Anmarschweg: 318 km *(Bamberg – Schweinfurt – Kitzingen – Uffenheim - Rothenburg o. d. T. – Crailsheim – Gaildorf - Schwäbisch Gmünd – Aalen – Bopfingen[151])*

Diese Einheiten gehörten zur *„Fränkischen Armee"* unter Herzog Bernhard von Sachsen-Weimar. Diese hatten bis zum 18. August die Festung Forchheim belagert, wobei die Schweden hier schwere Verluste erlitten, ohne viel bei der Belagerung auszurichten.

Feldmarschall Cratz hob daraufhin die Belagerung auf und zog über Bamberg, Eltman, Schweinfurt nach Kitzingen. Dort vereinigte er sich mit den Resten der Regensburger Garnison unter Oberst Kagg[152].

Über Rothenburg ob der Tauber und Schwäbisch Gmünd gelangten beide zum schwedische Hauptheer[153]. Die knapp 4000 Mann diesen Korps, vor allem die Infanterie, bedeuteten eine erhebliche Verstärkung der Schwedischen Armee und dürften der Grund gewesen sein, dass der Entschluss gefasst wurde in die Schlacht zu ziehen. Feldmarschall Cratz wurde ebenfalls, wie im Fall des Rheingrafen Otto Ludwig, der Vorwurf gemacht,

---

[150]Johann Philipp Cratz von Scharffenstein (?-1635) stand zunächst in kaiserlichen Diensten, war Kommandant von Ingolstadt und versuchte die Stadt an Herzog Bernhard zu übergeben was aber misslang. Danach wechselte er in schwedische Dienste. Nach der verlorenen Schlacht wurde er gefangen und im Jahr 1635 als *„Verräter"* abgeurteilt und enthauptet.

[151]Berechnet wurde hier der Anmarschweg nach Bopfingen, Cratz hielt sich laut Angaben Haaks wohl schon zu Beratungen auf. Ob seine Truppen bei ihm waren lässt sich nicht bestätigen. Relationen wie die Horns, die Anales Ferdinandei und das Theatrum Europaeum berichten das die Cratz´schen Truppen erst auf dem Marsch nach Nördlingen zum Hauptheer der Schweden stießen.

[152]Die Regensburger Garnison hatte mit dem Kaiserlichen Heer einen sogenannten Akkord geschlossen. Dies war ein Vertrag der Übergabe der Festung regelte. Dabei wurde vereinbart, dass die Garnison unbehelligt nach Franken abziehen durften. Lars Kagg (1595-1661)

[153]Hierbei herrschen unterschiedliche Angaben vor an welcher Stelle diese angelangten. Zum Einen sollen die Cratz´schen Truppen noch auf dem Breitwang gewesen sein und zum Andern wird berichtet, dass diese erst während des Aufmarsches zur Schlacht beim Heer eintrafen. Siehe auch Kapitel *„Vom Abmarsch der Schweden in die Schlacht"*

dass er zu langsam herangezogen sei und seinen Weg über Schwäbisch Gmünd nahm.

Nachdem er jedoch am 27. August in Uffenheim aufgebrochen war, legte er 176 km in sieben Tagen zurück, was einem Schnitt von 25 km pro Tag entspricht. Damit wäre er von allen Armeen am schnellsten marschiert. Eine alternative Route hätte diesen Truppenteil über die Stadt Ellwangen geführt, wobei diese kaum kürzer gewesen wäre.

Die „Rheingräfliche Armee"

Befehlshaber: General der Kavallerie Otto Ludwig Wild- und Rheingraf[154]
Stärke: 2000 Mann Kavallerie
                3000 Mann Infanterie

Entfernung Luftlinie Rheinfelden: 238 km

Anmarschweg I, über das Breisgau: 439 km *(Rheinfelden – Lörrach – Freiburg – Tuttlingen –Rottweil – Tübingen – Nürtingen – Göppingen – Heidenheim - Aalen – Bopfingen)*

Anmarschweg II, über den Hochrhein: 373 km *(Rheinfelden – Waldshut – Blumberg - Tuttlingen – Rottweil – Tübingen – Nürtingen – Göppingen – Heidenheim – Aalen – Bopfingen)*

Die *„Rheingräfliche Armee"* wurde im Zusammenhang mit der Nördlinger Schlacht vor allem dafür bekannt, dass nur ein Teil ihrer Mannschaften an der Nördlinger Schlacht teilnahm und die Mehrzahl der Truppe nur bis Donzdorf marschiert war. An der Schlacht selbst nahmen vier Kompanien Kavallerie teil. Rheingraf Otto Ludwig operierte seit dem Jahr 1633 mit dieser Armee, hauptsächlich am Oberrhein und im Elsass.

Dabei ging er erfolgreich vor, denn nach der Einnahme der Festung Rheinfelden durch Akkord, am 24. August, hatte er die Region bis auf die kaiserliche Hauptfestung Breisach, die er dann *„blockierte"*, unter Kontrolle.

---

[154]Rheingraf Otto Ludwig, eigentlich Otto Ludwig Graf von Salm, Wild- und Rheingraf zu Kyrburg und Mörchingen (1597-1634)

Gerade wegen der Belagerung Rheinfeldens konnte er erst Ende August vom Hochrhein nach Bopfingen aufbrechen, wo er erwartet wurde.

Nicht ohne Grund handelt die Korrespondenz der Schweden und ihrer Verbündeten, Ende August (oder nach dem neuen Kalender Anfang September), um die *„Rheingräfliche Armee"*. Für die schwedische Hauptarmee hätte das rechtzeitige Eintreffen der *„Rheingräflichen Armee"* eine erhebliche Verstärkung bedeutet. Außerdem handelte es sich bei deren Mannschaften um erfahrene Soldaten. Nach der verlorenen Schlacht wurden schnell Vorwürfe gegen Otto Ludwig erhoben. Zum Einen warf man ihm vor, dass er sich zu lange mit der Belagerung Rheinfeldens aufgehalten habe, zum Anderen wurde ihm unterstellt, dass er nur zögerlich angerückt sei. Angesichts des längsten Anmarschweges aller Schwedischen Truppen sind diese Anschuldigungen jedoch unberechtigt.

Die genaue Anmarschroute ist nicht bekannt. Bei der Wahl des Anmarschweges I hätte die Truppe über 400 km zurücklegen müssen, was angesichts der prekären Lage als unwahrscheinlich erscheint. Am wahrscheinlichsten ist, dass die *„Rheingräfliche Armee"* sich für Anmarschweg II entschied und am 25. August von Rheinfelden über Waldshut und Blumberg nach Tuttlingen zog. In diesem Fall hätten sich die Truppe auf der sogenannten Schweizer Straße[155] bis nach Tübingen bewegt, was im Vergleich zur ersten Route eine Verkürzung des Anmarschweges von 66km bedeutet hätte. Entlang dieser Strecke wäre es zudem möglich gewesen, die Truppen durch Garnisonen an der Wegstrecke zu verpflegen.

Die Marschleistung der *„Rheingräflichen Armee"* lag bei 25 km pro Tag[156]. Damit legte die *„Rheingräfliche Armee"* eine höhere Marschleistung als die vereinigten Armeen Horns und Weimars (ab Günzburg 16,75 km pro Tag) vor. Zu berücksichtigen gilt, dass Feldmarschall Horns und Herzog Bernhards Truppen bereits auf dem Marsch in Kämpfe mit den Kaiserlichen gerieten, beispielsweise in Giengen und bei *„auslaufenden"* Parteien bei Aalen.

---

[155]Die sogenannte Schweizer Straße verlief entlang des Albtraufs von Stuttgart nach Schaffhausen. In Friedenszeiten war diese vor allem für den Handel zwischen Württemberg und der Schweiz von großer Bedeutung. In den Jahren 1632 – 1634 lief der Nachschub für die württembergischen Truppen am Bodensee und im Schwarzwald über diese Straße. In Tübingen, Balingen und Rottweil wurden Depots angelegt.
[156]Berechnet auf der Grundlage der Entfernung zwischen Rheinfelden und Göppingen von 275 km, die in der Zeit vom 25. August bis 2. September zurückgelegt wurden.

Die Reichsstadt Reutlingen

Befehlshaber: Rittmeister Johann Kaspar Päfflin
Stärke: 85 Mann zu Fuß

Anmarschweg Luftlinie Reutlingen: 93 km

Anmarschweg: 153 km *(Reutlingen – Nürtingen – Göppingen – Heidenheim – Aalen – Bopfingen)*

Bereits im Jahr 1633 hatte sich die Reichsstadt Reutlingen bei der Blockade der Burg Hohenzollern, im Verein mit Württemberg und Esslingen, aktiv am Kriegsgeschehen beteiligt. Im Mai wurden 85 Mann der Stadt dem Schwedischen Heer zugestellt. Diese gehörten zum einen Teil dem Bürgerausschuss an, zum Anderen Teil handelte es sich um geworbene Soldaten. Am 7. August zog diese Auswahl wahrscheinlich nach Göppingen ab, wo sie zu den Württembergern stieß und im Verein mit ihnen nach Bopfingen. In welchem Rahmen die Reutlinger eingesetzt wurden, ist nicht bekannt. Von den beteiligten Reutlingern kehrte allein Rittmeister Päfflin zurück in die Stadt.

Weitere Reichsstände

Im Jahr 1633 hatten die Schweden und die protestantischen Stände Schwabens den sogenannten Heilbronner Vertrag abgeschlossen, mit dem die weitere Kriegsführung organisiert wurde. Neben Geld- und Lebensmittellieferungen sollten die beteiligten Stände auch eine Kreisdefensionsmiliz aufstellen und Soldaten schicken. In diesem Zusammenhang stellte auch die Reichsstadt Bopfingen 18 Mann. Zudem sollte der Schwäbische Kreis 92 Mann samt Pferde zur Verstärkung der Artillerie bereitstellen.
Die Reichsstadt Esslingen hatte sich im Jahr 1633 bei der Blockade der Festung Hohenzollern beteiligt. Es ist anzunehmen, dass sich im Lager auf dem Breitwang noch weitere Truppen der Schwäbischen Reichsstände befunden haben. Begründet darauf, dass der schwedische Kanzler Axel Oxenstierna aufgerufen hatte, alle Milizen zu mobilisieren. Aber einzig in

der Flugschrift Christoph Heinrichs von Griesheims, gibt es einen vagen Hinweis auf eine Beteiligung eines weiteren Reichsstandes.

Er schreibt, dass am 4. September, zusammen mit Feldmarschall Cratz, „*etlich Durlachisches Volk*" angekommen sei. Dabei handelt es sich um Truppen des Markgrafen Friedrich von Baden-Durlach. Sicher ist, dass dieses Regiment erst im Jahr 1634 geworben wurde und im Juli in Leutkirch lag. Dagegen ist bis heute unklar, ob es sich um ein schwedisches oder badisches Regiment handelte.

Die Gliederung der Schwedischen Armee

Wie die meisten Armeen Europas war die „*schwedische*" Armee in Regimenter untergliedert. Diese wurden von einem Oberst, der meist Inhaber des Regiments war, für die Schwedische Krone geworben. Um ein Regiment zu werben streckte der Oberst in der Regel die Werbegelder vor und rechnete dann mit der „*Krone*", diese und alle weiteren Kosten, ab.

Die nationalschwedischen Regimenter wurden ursprünglich über ein Zwangsrekrutierungssystem aufgestellt. Hierbei wurden in den einzelnen Regierungsbezirken alle männlichen Einwohner zusammengerufen und in Reihen zu je 10 Mann aufgestellt. Aus jeder Reihe wurde nun ein Mann ausgewählt, der ein für den Dienst an der Waffe rekrutiert wurde. Diese waren zwischen 18 und 40 Jahre alt.

Ein Infanterieregiment bestand im Idealfall aus acht Kompanien zu je 150 Mann. Die einzelnen Kompanien wurden in sechs Korporalschaften unterteilt, welche sich aus 3 x 18 Pikenieren und 3 x 24 Musketieren zusammensetzten. Zur Kompanie, wie auch zum Regiment, gehörte ein Führungsstab, der im Falle der Kompanie aus einem Hauptmann (Capitän), seinem Stellvertreter dem Leutnant, dem Fähnrich sowie den Unteroffiziersrängen, Korporal und Sergeant bestand. Hinzu kamen noch Spielleute wie Trommler und Pfeiffer. Auf Regimentsebene bestand der Führungsstab aus dem Oberst, seinem Stellvertreter dem Oberstleutnant, dem Major oder Obristwachtmeister, dem Feldscher, dem Profoß, den Feldpredigern und Schreibern. Oberstleutnant und Major führten jeweils eine eigene Kompanie. Insgesamt ergab dies eine Gesamtstärke von 1200 Mann, die aber nur selten erreicht wurde. Im Kampfeinsatz wurden sogenannte Brigaden gebildet. Dabei wurden aus Pikenieren und Musketieren in einem festen Verhältnis Formationen gebildet.

Zur Zeit der Nördlinger Schlacht bestand eine Schwedische Brigade aus 1500 Mann, die aus drei Schwadronen gebildet wurde. Eine Schwadron setzte sich aus einem halben Regiment (4 Kompanien) zusammen. Kavallerieregimenter bestanden aus acht bis zehn Kompanien oder auch Schwadronen zu je 50 Mann. Die Kompanie wurde von einem sogenannten Rittmeister geführt. Im Allgemeinen glichen die Stäbe der Kavallerieeinheiten denen der Infanterie. Bei den Spielleuten wurde ein Trompeter eingesetzt. Kavallerieregimenter erreichten in der Regel eine Stärke von 400 bis 500 Mann. Im Gegensatz zur Infanterie wurde aber das Kavallerieregiment im Kampfeinsatz als eine Einheit eingesetzt.

Quellenverzeichnis

Literatur zur Belagerung und Schlacht bei Nördlingen

Droysen, Gustav. Hrsg. *Materialien zur neueren Geschichte. Gedruckte Relationen über die Schlacht bei Nördlingen 1634.* Max Niemeyer. Halle 1885. Reproduktion aus der Herzog August Bibliothek Wolfenbüttel. Mai 2008. *(MAT)*

Fraas, Dr. Oscar. *Die Nördlinger Schlacht am 27. August 1634.* Nördlingen 1869. Nördlingen C.H. Beck´sche Buchhandlung. Reprint 1983 Verlag Steinmeier. Darin Auszüge aus der *„Collectanea"* von Johann Daniel Haak. Originalmanuskript im Stadtarchiv Nördlingen. *(OF)*

Fuchs, John. *Die Schlacht bei Nördlingen am 6. September 1634.* Weimar 1868. Karl Voigt jun. Einsehbar über das Göttinger Digitalisierungszentrum - Buchpatenschaft Axel Stolch

Kessler, Hermann. Hrsg. *Belagerung und Übergabe der freien Reichstadt Nördlingen anno 1634.* Nördlingen 1984. Uhl Verlag. Darin Auszüge aus der *„Collectanea"* von Johann Daniel Haak. Originalmanuskript im Stadtarchiv Nördlingen. *(HK)*

Rystad, Göran. *Kriegsnachrichten und Propaganda während des dreissigjährigen Krieges. Die Schlacht von Nördlingen in den gleichzeitigen, gedruckten Kriegsberichten.* Lund 1960. *(GR)*

Struck, Walter. *Die Schlacht bei Nördlingen im Jahre 1634.* Stralsund 1893. Verlag der königlichen Regierungsdruckerei. Einsehbar über das Göttinger Digitalisierungszentrum - Buchpatenschaft Axel Stolch

Weng, Johann Friedrich. *Die Schlacht bei Nördlingen und die Belagerung dieser Stadt in den Monaten August und September 1634.* Nördlingen 1834. C.H. Beck´sche Buchhandlung.

Weinitz, Franz. *Des Don Diego e Aedo y Gallart, Schilderung der Schlacht von Nördlingen.* Straßburg 1884. Karl J. Trübner. Einsehbar über das Göttinger Digitalisierungszentrum - Buchpatenschaft Axel Stolch

Zipperer, Gustav Adolf. *Nördlingens Schicksalsstunde 1634. Die Schlacht bei Nördlingen.* Verlag Georg Wagner. Nördlingen ohne Jahreszahl.

Allgemeine Literatur zum Thema

Bedürftig, Friedemann. *Lexikon. Der Dreißigjährige Krieg.* Primus Verlag Darmstadt 2006

Brzezinski, Richard und Hook, Richard. *Die Armee Gustav Adolfs. Infanterie und Kavallerie.* Siegler Verlag Königswinter 2006. *(RBRH)*

von Droste, Werner. *Zinnfiguren Textband I.* Marbach

Dillich, Wilhelm, *Hochvernünfftig gegründet- und auffgerichtete/ in gewisse Classen einget-heilte/ bissher verschlossen gelegen/ numehr aber Eröffnete Krieges-Schule..., Franckfurt am Mayn/ In Verlegung Johann David Zunners/ Buchhändlers. Gedruckt bey Johann Philipp Andreae. Anno 1689.* Geschrieben um 1647. Faksimiliedruck Bissinger Verlag, Magstadt 1967

Englund, Englund. *Die Verwüstung Deutschlands.* Stuttgart 1998

Engerisser, Peter. *Von Kronach nach Nördlingen. Der Dreißigjährige Krieg in Franken, Schwaben und der Oberpfalz 1631-1635.* Verlag Heinz Späthling. Weißenstadt 2004 / 2007. Dieses Buch kann auch zu o.g. Literatur gezählt werden

Freytag, Gustav. *Der Dreißigjährige Krieg, 1618 - 1648. 3 Bände. Das Heer. Die Städte. Die Dörfer / Der Frieden.* Verlag Rockstuhl. 3.Auflage 2005. Reprint

Kevenhüller, Frannz Christoph. *Annales Ferdinandei Band 12,* 1632 - 1637. Einsehbar über die Universitätsbibliothek Augsburg. *(AF)*

Heilmann, Johann. *Das Kriegswesen der Kaiserlichen und Schweden zur Zeit der dreißigjährigen Kriegs. Leipzig und Meissen. F.W. Goedsche Buchhandlung 1850. Reprint. (JH)*

Lavater, Hans Conrad. *Kriegsbüchlein. Zürich 1644. Reprint Adeva Graz 1973. (HCL)*

Merian, Matthäus. *Theatrum Europaeum Band 3,* 1633 - 1638. Einsehbar über die Universitätsbibliothek Augsburg. *(TE)*

Mahr, Helmut. *Wallenstein vor Nürnberg 1632. Neustadt/Aisch. Verlag Degener & Co. 1982. Als Beilage der sog. Trexelplan von 1634. Eine Abbildung des Feldlagers bei Zirndorf. (HM2)*

Mahr, Helmut. *Wallensteins Lager. Die Schlacht an der Alten Veste.* Verlag Nürnberger Presse. Nürnberg 1980

Peters, Jan. Hrsg. *Ein Söldnerleben im Dreißigjährigen Krieg. Eine Quelle zur Sozialge-schichte.* Berlin 1993. Akademie Verlag. *(JP)*

Schwedisches Kriegs Recht oder Articuls Brieff... Gedruckt zu Nürnberg bey Wolfgang End-ter / Im Jahr Christi 1633. Einsehbar über das Göttinger Digitalisierungszentrum - Buchpa-tenschaft Axel Stolch. *(SKR)*

Toegel, Miroslav. Hrsg. *Documenta Bohemica Bellum Tricennale Illustrantia. Tomus V. Der Schwedische Krieg und Wallensteins Ende.* Quellen zur Geschichte der Kriegsereignisse der Jahre 1630 - 1635. Prag 1977. Academia Verlag. *(DBBTI)*

Troupitz, Laurenz. *Kriegs Kunst Nach Königlich Schwedischer Manier... Franckfurt bey Mattheo Merian, M.DC.XXXVIII (1638).* Einsehbar über das Göttinger Digitalisierungszen-trum - Buchpatenschaft Axel Stolch

Wagner, Eduard. *Ars Bella Gerendi. Aus dem Soldatenleben im dreissigjährigen Krieg. Prag 1980. Artia Verlag*

von Wallhausen, Johann Jakobi. *Defensio Patriae oder Landrettung. Daniel und David Au-brij und Clement Schleichen / Buchhändlern in Franckfurt am Main 1621.* Einsehbar über das Göttinger Digitalisierungszentrum - Buchpatenschaft Axel Stolch

Literatur zur Heimatgeschichte

Aßfahl, Gerhard. *Bernhard von Schaffalitzky von Muckendell , Offizier, Diplomat und Freund von Kunst und Wissenschaft 1591 – 1641* in „Lebensbilder aus Schwaben und Fran-ken. 12. Band. Stuttgart 1972

Bauman, Franz Ludwig und Rottenkolber, Josef. *Geschichte des Allgäus Band 3 Die neuere Zeit (1517 – 1802).* Ausgabe 1895. Nachdruck 1973. Aalen

Birlinger, Anton. *Die Schweden in Augsburg* in *„Zeitschrift für deutsche Kulturgeschichte"* Neue Folge. II Jahrgang 1873

Bleicher, Walter. *Schwäbische Kunde aus der Geschichte des Kreises Saulgau 1633 – 1635.* Mengen 1982

Burkhaardt, Martin, Rückert, Maria Magdalena, Schäfer, Birgit . *Archiv der Freiherren von Liebenstein Jebenhausen.* Stuttgart 2001

Dambacher, Oskar. *Schrammberg / Ort und Herrschaft.* Schrammberg 1904

Enßlin, Helmut. *Bopfingen, Freie Reichsstadt-Mittelpunkt des württembergischen Rieses.* Stuttgart und Aalen 1971. Konrad Theis Verlag. *(HE)*

Frasch, Werner. *Kirchheim unter Teck / Aus Geschichte und Gegenwart einer Stadt und ihrer Einwohner*

Furtenbach, Gabriel. *Ober-Ländische Jammer und Straff-Chronic oder Historische Beschreibung*. Transkription. Varia-Verlag. Tamm 1998

Geiselhart. *Zur Geschichte der Reichsstadt Rottweil im Dreißigjährigen Krieg*. Rottweil 1899

Glatz, Dr. Karl J. *Ein gleichzeitiger Bericht über das Wirtembergische Kriegsvolk vor der österreichischen Stadt Villingen vom Jahre 1631 bis 1633* in *„Württembergische Jahrbücher für Statistik und Landeskunde"*. Jahrgang 1878

Gotthard, Axel. *Konfession und Staatsräson Die Außenpolitik Württembergs unter Herzog Johann Friedrich (1608-1628)*. Veröffentlichungen der Kommision für Geschichtliche Landeskunde in Baden-Württemberg, Reihe B. 126. Band. Suttgart 1992

Götz, Rolf. *Die Stadtfestung Kirchheim nach der Schlacht bei Nördlingen (1634). Eroberung oder kampflose Übergabe?* in *„Stadt Kirchheim unter Teck"* Schriftenreihe des Stadtarchivs Heft 2. Kirchheim 1984

Gratianus, Carl Christian. *Geschichte der Achalm und der Stadt Reutlingen in ihrer Verbindung mit der vaterländischen Geschichte.*

von Holtz, Maximilian Gottfried. *Generalfeldzeugmeister Georg Friedrich von Holtz.* Stuttgart 1891

Kessinger, Roland und Peter, Klaus Micheal. *Hohentwielbuch.* Singen 2002

Klaß, Johannes. *Wildberger Chronik.* Wildberg 1987

Kochser, J. *Geschichte der Stadt Nürtingen.* Stuttgart 1924

Klunzinger, Karl. *Geschichte der Stadt Laufen am Neckar mit ihren ehemaligen Amtsorten Gemrigheim und Ilsfeld.* Stuttgart 1846

Kretzschmar, Johannes . *Der Heilbronner Bund 1632 – 1632.* 3 Bände. Lübeck 1922

von Martens, Karl . *Geschichte der innerhalb der gegenwärtigen Gränzen des Königreichs Württemberg vorgefallenen kriegerischen Ereignisse vom Jahr 15 vor Christi bis zum Friedensschlusse 1815.* Stuttgart 1848

Mayer, Karl. *Aus Kirchheims Vergangenheit*

Maurer, Hans Martin. *Die württembergischen Höhenfestungen nach der Schlacht bei Nördlingen.* Zeitschrift für Württembergische Landesgeschichte Jahrgang XXVI 1967

Merian, Matthäus. *Topographia Sueviae.* Neue Ausgabe mit einem Nachwort von Lucas Heinrich Wüthrich. Bärenreiter Verlag

Neumaier, Helmut. *Das Testament des Albrecht Christoph von Rosenberg aus dem Jahre 1630* in *„WERTHEIMER JAHRBUCH 1991/92"*

Ortschaftsrat Berneck. *Berneck; 850 Jahre in Wort und Bild.* Horb am Neckar 2000

Pfeilsticker, Walter. *Neues Württembergisches Dienerbuch.* Stuttgart

von Pflummern, Ernst. *Annales Biberachcenes* Hauptstaatsarchiv Stuttgart Signatur J1 Nr.180

Revellio, Paul. *Beiträge zur Geschichte der Stadt Villingen.* Villingen 1964

Schleicher, R. *Beitrag zur Geschichte der Stadt Villingen mit besonderer Beziehung auf die Wasserbelagerung im Jahr 1634 und die Drangsale, welche die badischen Amtsbezirke Villingen, Donaueschingen, Neustadt, Triberg, Hornberg, Haslach, Oberndorf, Tuttlingen, Spaichingen, Sulz und Freudenstadt um diese Zeit zu erdulden hatten.* Donaueschingen 1854

Seeliger-Zeiss, Anneliese und Schäfer, Hans Ulrich. *Die Inschriften des Landkreises Ludwigsburg.* Deutsche Inschriften. Band 25. Wiesbaden 1986

Schmid, Uwe. *Geschichte der Stadt Schorndorf.* Schorndorf 2002

Schmitt, Günter. *Nürtinger Chronik in Daten und Bildern.* Nürtingen

Schneider, Eugen. *Württembergische Geschichte.* Stuttgart 1896

Schott, Theodor. *Württemberg und Gustav Adolf / 1631 und 1632* in *„Württembergische Vierteljahreshefte für Landesgeschichte"* 1895

von Stadlinger, L. J. *Geschichte des Württembergischen Kriegswesen von der frühesten bis zur neuesten Zeit.* Stuttgart 1856

Stälin, Dr. *Schwedische Schenkungen im Bezug auf Teile des heutigen Königreichs Württemberg und an Angehörige zu demselben gehöriger Familien während des Dreißigjährigen Krieges* in *„Württembergische Jahrbücher für Statistik und Landeskunde"* Jahrgang 1894 + 1897

Thion, Stephane. *French Armies of the Thierty Years`War.* LRT Editions 2008

von Witzleben, Gerhard August und von Witzleben, Karl Hartmann August. *Geschichte des Geschlechts von Witzleben*

Zipperlen, Elisabeth. *Liebenstein und die Liebensteiner* in *„Ludwigsburger Geschichtsblätter"* 18/1966

Zipperer, Gustav Adolf. *Erlebtes und Erdachtes. Eine Auswahl alten und neuen Schrifttums aus Nördlingen und dem Ries.* Oettingen 1962. Fränkisch-Schwäbischer Heimatverlag. Darin Auszüge aus der Familiengeschichte Georg Wilhelm Hinkeldey. Die Plünderung Höchstädts an der Donau durch die Kroaten anno 1634. *(GAZ2)*

Archivalien

StANö Chron.: Stadtarchiv Nördlingen, Chronik; *Collectanea Haakiana.* Handschriftliche Sammlung zur Stadtgeschichte Nördlingens durch Johann Daniel Haak. Geschrieben vor 1700. Darinnen Beiträge zu den Ereignissen des Jahres 1634

StAWt: Landesarchiv Baden-Württemberg - Staatsarchiv Wertheim im Verbund mit dem Stadtarchiv Wertheim und dem Archiv des Main-Tauber-Kreises. Signatur: StAWt-F Rep. 231 Nr. 3113, *Diplomatische und militärische Nachrichten zur Kriegsentwicklung.* Vorlage und Aufnahme der Abbildung 3.

StAS: Landesarchiv Baden-Württemberg - Hauptstaatsarchiv Stuttgart. Signaturen: A 29 Bü.70; A 29 Bü.57; J 40 / 11 Bü.8; J1. Vorlage und Aufnahmen der Abbildungen 6; 8; 19 und Abbildung S.31

StAL: Landesarchiv Baden-Württemberg - Staatsarchiv Ludwigsburg. Signaturen: B 165 Bü. 51. Vorlage und Aufnahme der Abbildung 20

StABo: Stadtarchiv Bopfingen, Ratsprotokolle 1618-1648. Vorlage und Aufnahme des Kupferstichs, C. Leopold. *„Die freie Reichsstadt Bopfingen"* und Abbildung 2.

UBA: Universitätsbibliothek Augsburg, Kupferstiche aus der Schriftreihe *Theatrum Europaeum* und der *Sammlung Oscar Braun.* Vorlagen und Aufnahmen der Abbildungen 1; 5; 11; 12; 13; 15 und Abbildung S. 91

OESTA: Österreichisches Staatsarchiv; Kartensammlung; Schmitt´sche Karte Nr. 110; 112. Vorlage und Aufnahme der Abbildungen 4 und 9.

LVABW: Landesvermessungsamt Baden-Württemberg: *Reliefkarte Baden-Württemberg 1:600000.* Ausgabe 1992

LIEB: Liebenstein. Familienchronik der Freiherren von Liebenstein, geordnet nach Generationen und einzelnen Familienmitgliedern. Staatsarchiv Ludwigsburg

Abbildungsverzeichnis

Abbildung 1; Seite 9: Merian, Matthaeus d. Ä.: *Der Prager Fenstersturz* aus: *Theatrum Europaeum, Band I*, 3. Aufl., Frankfurt am Main: M. Merian, 1662. Exemplar der Universitätsbibliothek Augsburg, Sign. 02/IV.13.2.26-1

Abbildung Seite 17: *Kupferstich der Stadt Bopfingen* nach Christian Leopold, Augsburg. Quelle: Stadtarchiv Bopfingen

Abbildung 2; Seite 21: *Das Nördlinger Tor* um 1700. Am 15. August 1634 brannten die Kaiserlichen das Stadttor ein. Quelle: Stadtarchiv Bopfingen

Abbildung 3; Seite 23: *Bericht aus Bopfingen nach Wertheim*, Ausschnitt 1. Absatz. StAWt-F Rep. 231 Nr. 3113

Abbildung 4; Seite 28: *Landkartenausschnitt der, Schmitt'schen Karte Nr.112*, 1797 Originale im Österreichischen Kriegsarchiv, Wien. Karte nach Westen (Oben) ausgerichtet. A-F im Text, gestrichelte Linie als zusätzlich, möglicher Anmarschweg

Abbildung 5; Seite 29: Bildausschnitt *Aufsitzende Musketiere* aus Merian, Matthaeus d. Ä: *Magdeburg während der Belagerung 1631* aus *Theatrum Europaeum, Band II*, 6. Aufl., Frankfurt am Main: Merian, 1679 (Tafel nach S. 366) Exemplar der Universitätsbibliothek Augsburg, Sign. 221/NN 1300 M561-2

Abbildung 6; Seite 31: *Briefausschnitt; Hans Heinrich von Offenburg an Herzog Eberhard* StAS Sign. A29 Bu.70

Abbildung Seite 32: *Original unterzeichneter Brief Gustaf Horns' an Herzog Eberhard*, datiert Bopfingen den 16./26.August 1634; StAS Sign.A29 Bü.70 Fol.57

Abbildung 7; Seite 37: *Einfall in die Veluwe*. Bildausschnitt: Plünderung aus Theatrum Europaeum, Band I, 3. Aufl., Frankfurt am Main:M. Merian, 1662. - Exemplar der Universitätsbibliothek Augsburg, Sign.02/IV.13.2.26-1

Abbildung 8; Seite 41: *Briefausschnitt. Philipp von Liebenstein an Herzog Eberhard*. Anforderung von Schanzzeug, 5 bis 600 Heppen und Handbeile, die an die württembergischen Brigaden geliefert werden sollen. Datiert im Feldlager bei Bopfingen am 23. August (2.September greg. Kalender) 1634; StAS Sign. A29 Bü.70 Fol.141

Abbildung 9; Seite 45: *Landkartenzusammenschnitt der, Schmitt'schen Karte Nr.100 und Nr.112*, 1797 Originale im Österreichischen Kriegsarchiv, Wien. Karte nach Westen (oben) ausgerichtet.

Abbildung 10; Seite 46: *Der „schwedische" Anmarsch über Schweindorf.* Bildausschnitt aus: *„Delinatio Aciei Et Pugnae ad Noerdlingam VI Septembr: Ao. MDCXXXIV"* Kupferstich in *Theatrum Europaeum III.* Privatbesitz

Abbildung 11; Seite 54: *Feldmarschall Gustaf Graf Horn,* Universitätsbibliothek Augsburg, Sammlung Oscar Braun, Sign. OB Blatt-Nr.128; Kass. V/7

Abbildung 12; Seite 58: *Herzog Bernhard von Sachsen-Weimar,* Universitätsbibliothek Augsburg, Sammlung Oscar Braun, Sign. OB Blatt-Nr.115; Kass. V/8

Abbildung 13; Seite 68: Bildausschnitt *Musketiere beim Aufmarsch* aus Merian, Matthaeus d. Ä.: *Schlacht bei Rain am Lech* aus: *Theatrum Europaeum, Band II,* 3. Aufl., Frankfurt am Main: M. Merian, 1646. Exemplar der Universitätsbibliothek Augsburg, Sign.02/IV.13.2.26-2

Abbildung 14; Seite 69: *Kavallerie,* Bildausschnitt: *"Wahre Delineation der Schwedischen Schanzen...bey Rheinau...1638".* Privatbesitz

Abbildung 15; Seite 70: *Einfall in die Veluwe, Der Holländer Anzug Wider ihre Feindt, ANNO 1624.* Bildausschnitt Artillerie beim Aufmarsch aus *Theatrum Europaeum, Band I,* 3. Aufl., Frankfurt am Main: M. Merian, 1662. - Exemplar der Universitätsbibliothek Augsburg, Sign.02/IV.13.2.26-1

Abbildung 16; Seite 74: *Schwedische Bagage,* Bildausschnitt; *"Delineation des harten Treffens...bey Wittenweyer...ao 1638".* Privatbesitz

Abbildung 17; Seite 76: *Leibregimentsfahne aus dem Jahr 1630,* des an der Schlacht bei Nördlingen teilnehmenden Obristen Philipp von Liebenstein. Nach einer Vorlage des Kriegsarchiv Stockholm

Abbildung 18; Seite 82: *Bauten im Feldlager,* Wilhelm Dillich, Kriegsbuch Band I. Privatbesitz

Abbildung 19; Seite 88: *Briefausschnitt, Philipp von Liebenstein bittet um Stabspersonen, insbesonders einem Feldprediger.* Der Brief wurde datiert im Feldlager bei Bopfingen am 18./28. August 1634. StAS Sign. A29 Bü.70 Fol.91

Abbildung Seite 92/93: *Lager bei Werben an der Elbe.* Quelle: Theatrum Europaeum, Band II, 3. Aufl., Frankfurt am Main: M. Merian, 1646. - Exemplar der Universitätsbibliothek Augsburg, Sign. 02/IV.13.2.26-2

Abbildung 20; Seite 95: Deckblatt: *„Kriegs Gravamina Der Statt Bopfingen".* Die Kriegsgravamina (Beschwernisse) wurden verfasst, um die Leiden und Lasten der Bürger in schriftlicher Form auf dem Reichstag in Regensburg im Jahre 1640 vorzulegen. Besonders hervorgehoben werden die Ereignisse des Jahres 1634. StALB Sign. B 165 Bü. 51